위기관리총서 시리즈

06

재난의 이해와 개입

현장에서의 위기개입워크북

육성필
이윤호

박영story

일러두기

본 위기개입워크북과 매뉴얼에 제시되는 사례는 효과적인 교육과 훈련을 위해 집필진이 구성한 가상 사례이다. 현장에서의 실제 위기개입의 예를 보여주는 위기개입동영상은 출연진으로부터 저작과 영상물 이용에 대한 동의를 받아 제작하였다.

서 문

나는 병원에서 수련받은 임상심리학자로서 정신건강서비스 제공자의 역할을 시작했지만 자살을 포함한 다양한 유형의 위기를 접하게 되면서 위기관리에 관심을 갖고 위기와 관련된 다양한 교육, 연구, 프로그램 및 정책개발 등의 노력을 하게 되었다. 그동안 개별적으로 위기에 대한 학문적 관심에 따라 위기에 대한 연구를 하는 경우가 있었지만 개인의 관심에 따라 단편적 일회적인 경우가 많았다. 이로 인해 위기관리를 체계적이고 종합적으로 접근하는 데는 많은 한계가 있었다. 위기의 심각성과 위기관리의 필요성을 절감하고 이러한 한계를 극복하기 위해 대학교에 전공으로 위기관리를 개설하였다. 위기관리전문가를 양성하고 있는 곳은 우리 학교가 세계최초이다. 위기관리전공 교수로서 많은 연구를 하고 전문가양성을 하면서 얻은 교훈 중의 하나는 개인이든 집단이든 평상시 자신의 역량이나 대처범위를 넘어서는 어려움에 노출되면 위기에 처하게 된다는 것이다. 대부분의 사람들은 자신이나 자기 주변에는 위기가 없을 것이라 믿는다. 하지만 위기는 우리들의 의지나 선택 밖의 일이다. 위기관리를 전공하는 나에게는 매일매일이 위기사건으로 넘쳐난다. 이런 나에게 어느 날 일면식도 없는 소방관이 “자살하려는 사람을 포함해서 위기사건이 발생하면 출동하게 되는데 어느 날인가부터 ‘단순히 현장에 출동해서 구급차에 위기에 처한 사람을 싣고 병원에 데려다 주는 것이 자신이 해야 되는 역할의 다인가? 아니면 위기출동현장에서 자신이 더 해야 되는 일이 있는 것은 아닌가?’”라고 물어왔다. 특히, 현장에 가장 먼저 출동하게 되는 자신이 위기에 처한 사람에게 현장에서 혹은 이송과정에서 무엇을 어떻게 해야 되는지에 대한 지침이 있다면 많은 도움이 될 것 같다는 하소연을 했다. 이 말을 들은 것이 이번에 출판하는 위기관리총서인 "현장에서의 위기개입매뉴얼과 워크북"을 만들겠다는 생각을 하게 한 계기였다. 이전에는 위기개입을 해야 하는 현장의 위기개입자들이 당연히 자신의 역할을 수행하고 있다는 생각만 했지 위기에 처한 사람을 위한 보다 낫고 훨씬 전문적인 서비스를 제공하려는 욕구가 있다는 것을 알지 못했던 것이다. 또한 이들을 위한 전문적 지지나 훈련이 있어야 한다는 생각을 하지 않았다.

위기개입자 혹은 정신건강서비스제공자는 도움이 필요한 곳에 가장 먼저 출동하여 적절한 서비스를 제공해야 한다. 위기개입자는 현장에서 위기에 처한 사람들의 욕구와 문제의 심각성을 가장 빠르고 정확하게 파악하여 위기에 처한 사람들의 안전과 행복을 최우선으로 확보해야 한다. 실제 위기개입자들이 위기현장에 출동하거나 도움을 요청받았을 때 무엇을 어떻게 해야 하는지 판단이 되지 않아 당황하는 경우가 종종 있다. 또한, 실제 경력이 많고 현장의 베테랑이어서 별 어려움 없이 위기현장에 대한 통제권을 확보하고 위기개입활동을 하고는 있지만 자신들의 위기개입활동이 제대로 된 것인지, 전문적인 것인지에 대한 확신이 없어 힘들어하기도 한다. 하지만 위기현장에서 활동하는 위기개입자가 자신들이 제공하는 서비스에 대한 자신이 없어 하거나 불안해 하면 위기에 처한 사람에게 미치는 부정적인 영향을 엄청나게 크고 생명을 잃게 할 수도 있다. 그러므로 위기개입자들에게는 위기현장에 출동하여 위기에 처한 사람들의 욕구를 빠르게 확인하고 당장의 위기를 해소시킬 수 있는 능력이 요구된다. 이처럼 힘들고 급박한 위기개입현장의 특성을 고려하여 경찰관이나 소방관들에게 정신건강과 도움을 청한 사람들과의 관계형성이나 대화 등에 대한 교육과 훈련을 시킨 후 업무수행을 평가했더니 위기개입을 하는 당사자들의 업무수행에 대한 자신감과 유능감이 증가한 것은 물론 위기개입서비스를 받은 시민, 특히 위기에 처한 사람들의 회복이나 안정감이 훨씬 좋아졌다는 선행연구들이 많다. 이러한 현실과 연구결과를 고려하여 이제는 위기개입자가 현장에서의 위기개입을 보다 전문적이고 체계적으로 할 수 있도록 관심을 갖고 도와주는 것이 필요하다. 지금도 위기현장에서 위기개입서비스를 하고 있는 위기개입자들이 위기개입에 대한 자신감과 자긍심을 갖도록 하는 노력이 요구된다.

저자가 많은 문헌연구, 외국 및 국내의 현장방문, 현장의 실무자와의 만남을 계속하면서 위기현장에 출동한 인력이 가장 초기에 적절한 서비스를 위기에 처한 사람이나 조직에 제공한다면 위기가 더 이상 악화되지 않고 위기가 해소되는 것은 물론 위기를 경험한 사람들이 건강한 일상생활을 영위할 수 있도록 도와줄 수 있을 것이라는 확신을 하게 되었다. 이러한 확신을 바탕으로 현장의 위기개입자들의 위기개입에 대한 전문성과 현장에서의 대응능력을 높이는 데 도움이 될 수 있는 "현장에서의 위기개입매뉴얼과 워크북"을 만들었다.

저자와 동료들이 "현장에서의 위기개입매뉴얼과 워크북"을 만들기 위한 집필위원회를 만들고 작업을 시작했지만 위기의 유형과 현장이 너무 다양하고 각각의 상황에서 필요한 위기개입서비스의 내용과 종류도 많아서 주제를 설정하고 포함되어야 하는 내용을 결정하는 작업자체도 집필진에게는 위기였다. 그중에서도 위기관리의 업무영역과 업무의 한계를 정하는 것이 가장 힘든 일이었다. 일반적으로 정신건강서비스제공 관련전문가들은 위기에 처한 사람들에게 치료나 상담을 제공하는 것을 주요 역할이라고 생각한다. 하지만 실제 위기관리에서는 관리라는 말자체가 의미하듯이 위기에 처한 사람의 위험성과 상태를 빨리 평가하고 확인하여 위기에 처한 사람들에게 가장 필요한 서비스가 제공되도록 도와주는 역할이 가장 중요하다. 다시 말하면 위기관리는 위기개입시 위기에 처한 사람이나 조직의 욕구와 위험성을 가장 먼저 평가하여 위기에 처한 사람들의 물리적 안전을 확보하는 것을 가장 최우선으로 한다. 이러한 위기관리에 의해 일단 위기상황이 안정화된 후 보다 추가적이고 전문적인 서비스가 필요하다면 그때서야 일반적으로 말하는 치료나 상담이 이루어지게 된다. 따라서 위기현장에서 위기개입자에게는 전문적인 상담자의 역할이 아닌 심리적 응급처치자(psychological first aid)로서의 역할이 요구된다. 이와 같은 일반적인 심리서비스와 위기관리의 위기개입서비스의 차이를 반영하여 "현장에서의 위기개입매뉴얼과 워크북"에서는 위기개입자의 의뢰에 의해 전문가에 의한 본격적인 서비스가 제공되기 전까지의 활동을 위기개입자의 역할로 한정하였다. 물론 위기개입자가 전문적인 심리 상담이나 치료까지 할 수 있으면 더욱 이상적일 수 있다. 다시 강조하지만 위기개입현장에서는 본격적인 상담이나 치료를 시작하지 말고 위기에 처한 사람의 현재 상태를 즉각적이고 정확하게 평가하고 필요한 서비스를 확인하는 작업이 우선되어야 한다.

"현장에서의 위기개입매뉴얼과 워크북"은 3번의 워크숍에서 얻은 참가자와 진행자들의 경험과 충고를 충분히 반영하고 집필위원회의 의견을 종합하여 수정 보완한 내용들로 구성하였다. 수차례의 회의와 고민을 통해 최종적으로 "현장에서의 위기개입매뉴얼과 워크북"은 윤리와 가이드라인, 스트레스, 위기, 자살, 범죄피해, 성폭력과 가정폭력, 재난, 애도, 심리소진 등의 영역으로 구분하였다. 주제와 영역을 나누는 과정에서 가정폭력과 성폭력도 범죄에 해당되어 초기에는 범죄 영역에서 다루려 했지만 가정폭력과 성폭력은 실제 임상장면에서 자주 접하고 점점 증가하고 있어 독립하여 구성하였다. "현장에서의 위기개입매뉴얼과 워크북"은 일반시민들을 위한 책이 아니고 위기현장에서 구호활동이나 위기개입 서비스를 제공하는 경찰관, 소방관, 정신건강관련업무종사자(심리, 사회복지, 간호, 의학, 법률 및 행정 등의 정신건강관련 업무를 수행하는 분)들이 현장에서 직면에게 되는 위기의 내용과 특성에 가장 적합한 면담, 평가, 개입과 의뢰를 가장 효율적으로 수행할 수 있도록 교육하고 훈련시키는 내용으로 구성되어 있다. 이러한 의도를 반영하여 구성한 매뉴얼과 워크북을 적절히 사용하여 교육과 훈련을 받는다면 위기개입자로서 다양한 사건과 현장을 접했을 때 위기에 처한 사람에게 가장 적절하고 효과적인 서비스를 제공했으면 한다. 동시에 이를 통해 위기개입자의 전문성과 능력에 대한 자신감을 갖고 위기개입자들의 정신건강증진에도 도움이 되었으면 한다. 추가로 매뉴얼과 워크북에 제시되는 모든 사례는 교육과 훈련을 위해 구성되었다.

이번의 "현장에서의 위기개입매뉴얼과 워크북" 출판은 우리나라에서는 처음으로 기획하고 추진한 방대한 작업이어서 많은 부담을 느끼고 더 세밀하고 꼼꼼하게 정성을 기울여 자료수집단계부터 교정과 수정과정을 진행하였다. 나름대로 최선을 다하고 도움이 될 수 있도록 노력했지만 부족한 부분도 있을 것이고 오류가 있을 수도 있을 것이다. 이와 관련된 것은 전적으로 책임저자인 나의 몫이다. 사람과 함께 하는 일을 한지 벌써 30년 이상의 시간이 흘렀고 시간이 흐르는 동안 학부생으로서의 나와 지금의 나와는 엄청나게 많이 달라졌다. 하지만 점점 강해져가고 분명해지는 것은 나와 함께 같은 곳을 보고 있는 사람들이 있고 함께 하는 이들의 수고와 노력이 나에게는 가장 큰 자산이고 자원이라는 것이다. 매일매일이 모여서 우리의 삶을 이루지만 우리는 많은 사람들의 도움과 지지를 받고 힘을 얻어 우리는 또 다른 하루를 시작한다. 하지만 우리는 하루를 살아내는 우리와 주변 사람들의 수고와 지지가 있음을 잊고 산다. 힘들고 어려운 일은 어느 날 불현 듯 우리에게 다가온다. 그래서 우리에게는 오늘의 삶, 지금의 삶이 소중하다. 이러한 생각에 기초해서 나는 오늘의 내가 있도록 함께 해준 많은 사람들에 대한 고마움을 지금 전달한다.

"현장에서의 위기개입매뉴얼과 워크북"을 출판하는 과정에서 치열한 고민과 토론을 하면서 같이 고민해 준 워크숍 참가자, 현장의 실무자, 졸업생, 학생들이 있었다. 만약 이들의 헌신과 희생이 없었다면 "현장에서의 위기개입매뉴얼과 워크북"을 출판하는 것은 불가능했을 것이다. 힘들고 어려운 작업임에도 불구하고 위기에 처한 사람들은 물론 위기개입자들에게 조금이라고 도움이 되었으면 하는 마음에 의기투합하고 함께 한 많은 분들에게 진심으로 감사하고 고마움을 전한다.

아직은 사회적으로 큰 전공이 아니어도 위기관리에 관심을 갖고 위기에 처한 사람들을 위해 연구와 실천을 하고 있는 위기관리전공생 여러분들이 있어 행복하고 또 다른 도전을 시작할 수 있는 용기를 주어서 고맙다. 그리고 위기관리에 관심을 갖고 계신 많은 분들께도 고마움을 전달하고 많은 교육, 훈련과 강의 현장에서 나와 만났던 수많은 분들께도 감사드린다.

현장에서의 위기개입매뉴얼 8권, 워크북 8권 총 16권의 위기개입총서의 출판을 기꺼이 허락해주고 지원해주신 박영사의 안종만 대표께 감사드린다. 특히 출판을 전체적으로 조율하고 계속 소통하며 보다 좋은 책이 될 수 있도록 도와주신 노현 이사님과 초고, 재고, 삼고의 어려운 작업과 까다로운 집필진의 요구를 최대로 반영해주시고 바쁜 와중에도 꼼꼼하게 검토해주시고 확인해주신 강민정 선생님께는 더욱 더 깊은 감사의 마음을 전한다. 다시 한번 지금도 위기관리에 관심을 갖고 사람에 대한 진실한 사랑과 믿음으로 묵묵히 연구하고 현장에서 헌신하고 있는 졸업생들과 재학생들이 있어 우리는 외롭지 않을 것이고 우리들이 있어 세상은 더 행복해질 것이라 믿는다.

특별히 지금도 아무도 가지 않은 외롭고 낯선 길을 용기 있게 개척할 수 있도록 전적으로 믿어주고 함께 하며 나를 최고로 알고 지원해준 나의 가족인 이혜선 박사와 두 아들에게는 사랑의 마음과 진심으로 미안하고 고마운 마음을 전한다.

2019년 2월

책임저자 육성필

차 례

위기관리총서 시리즈 6

현장에서의 위기개입워크북

재난의 이해와 개입

I 재난의 이해

1. 재난의 개념

1) 재난의 정의

재난이라는 단어를 들었을 때 개인마다 상상하는 장면이 다르겠지만 대부분 삶의 터전을 파괴하여 개인과 사회에 막대한 인적·물적 피해를 유발하고 개인의 안녕을 위협하는 사건을 떠올리게 될 것이다. 재난의 어원은 라틴어의 '분리, 파괴'를 뜻하는 'dis'와 '별'을 뜻하는 'aster'가 합쳐진 단어로 불길한 별의 모습을 상징하며, 재난이 하늘에서 비롯된 것이며 불운하거나 불행하고 인간의 통제를 벗어난다는 개념을 가진다.

유엔국제재해경감기구(United Nations International Strategy for Disaster Reduction: UNISDR)는 재난을 '갑작스럽게 발생하여 지역사회의 기본 조직과 정상기능을 와해시키는 큰 규모의 사건으로서 그 영향을 받은 지역사회가 외부의 도움 없이는 극복할 수 없고, 생명과 재산, 사회간접시설과 생활수단에 일상적인 능력으로 처리할 수 없는 피해를 일으키는 단일 또는 일련의 사건'이라고 정의하고 있다. 특히, '10명 이상의 사망사고', '100명 이상의 피해자가 발생한 경우', '정부에 의해 긴급구호 상태가 필요하다고 선언된 경우', '국가가 국제사회의 도움을 신청한 경우' 중 적어도 하나를 만족하면,

UNISDR의 데이터베이스에 기록할만한 정도의 재난이 발생한 것으로 간주한다.

세계보건기구(World Health Organization: WHO)에서도 UNISDR과 유사하게 '심각한 파괴로 인해 피해지역은 생태학적으로나 심리사회적으로 자신의 대처 능력을 초과한 상태'라고 제시하고 있다.

우리나라는 2004년에 제정된 「재난 및 안전관리기본법」에서 재난을 '국민의 생명·신체·재산과 국가에 피해를 주거나 줄 수 있는 것'으로 정의하고 있으며, 크게는 자연재난과 사회재난으로 구분하고 있다.

「재난 및 안전관리기본법」 제3조 제1호

제3조(정의) 이 법에서 사용하는 용어의 정의는 다음과 같다.

1. '재난'이란 국민의 생명·신체·재산과 국가에 피해를 주거나 줄 수 있는 것으로서 다음 각목의 것을 말한다.

가. 자연재난 : 태풍, 홍수, 호우(豪雨), 강풍, 풍랑, 해일(海溢), 대설, 한파, 낙뢰, 가뭄, 폭염, 지진, 황사(黃砂), 조류(藻類)대 발생, 조수(潮水), 화산활동, 소행성·유성체 등 자연우주물체의 추락·충돌, 그 밖에 이에 준하는 자연현상으로 인하여 발생하는 재해

나. 사회재난 : 화재·붕괴·폭발·교통사고(항공사고 및 해상사고를 포함한다)·화생방사고·환경오염사고 등으로 인하여 발생하는 대통령령으로 정하는 규모 이상의 피해와 에너지·통신·교통·금융·의료·수도 등 국가기반체계의 마비, 「감염병의 예방 및 관리에 관한 법률」에 따른 감염병 또는 「가축전염병예방법」에 따른 가축전염병의 확산 등으로 인한 피해

위에서 살펴본 바와 같이 재난은 갑작스럽게 발생하며 상당한 인적·물적 피해를 유발하며, 자체적인 대응능력을 벗어나 외부의 도움 없이 극복하기 어려운 사건 또는 상황이다.

Quarantelli(1986)는 사회·행동 과학자들이 재난이라는 용어를 사용할 때 명확하게 할 수 있는 7가지의 개념을 정리하였다.

① 자연적인 상태 : 지진, 홍수, 화재, 폭발
② 물리적인 영향 : 지진 시 물이나 땅의 움직임과 같은 자연환경 일부에 대한 명확한 물리적 영향
③ 물리적 영향의 평가 : 재난이라고 불릴 정도로 한계를 넘어서거나 분명한 증거들
④ 사회적 혼란 : 영향의 규모가 사회생활에 혼란을 초래할 정도로 충분히 큼
⑤ 실제 사회적 구성 : 영향의 의미와 심각성의 인식
⑥ 정치적 정의 : 다음의 행동과 도움에 영향을 주는 공식적인 재난 선언
⑦ 위기에 대한 요구와 능력간의 불균형 : 재난에서는 어떤 요구가 대응 능력을 초과함

재난의 정의는 Caplan(1961)이나 Roberts(2000) 등이 위기에 대해서 정의한 것과 유사한 특성을 가지고 있다. 이들은 위기에 대해서 평소 대처기제를 넘어서는 상당한 정도의 고통을 초래하는 사건으로 정의하였다. 그러면 응급, 위기, 위기사건, 재난, 외상 등의 단어는 어떤 의미와 차이를 가지고 있을까?

첫 번째, 응급(emergency)은 즉각적인 조치를 요하는 긴급한 위기이며 사람들의 생명이 위태로울 수 있다. 이것은 재난의 극심한 영향이 없는 일상적인 부정적 사건이며 개인이 정상적인 방식으로 기능하지 못하고 개인적인 책임을 수행할 수 없는 상태를 뜻한다. 지역사회의 차원으로 본다면 응급상황을 처리하기 위해서 지역 내의 자원을 활용하기도 하고(FEMA, 2001), 응급기관은 자신의 활동 범위를 확장해야 하는 경우도 있다(Quarantelli, 1987).

두 번째, 위기(crisis)는 평소 대처방식으로 문제가 해결되지 않거나 충분하지 않아서 문제에 압도되거나 신체·심리적으로 불균형을 이룬 상태를 뜻한다. 그러나 응급과 달리 즉시적으로 자신이나 타인을 해칠 만큼 위험한 상태는 아니다. 균형을 되찾기 위해서 불안정한 시간을 보내지만 많은 경우 4~6주 정도가 지나면 평형상태를 회복한다. 따라서 위기개입은 위기에 처한

사람이 위기 이전의 기능을 회복하도록 하는 것이 목적이며, 현재의 위기반응에 초점을 맞추는 것이 좋다. 위기사건(critical incident)은 일상적이지 않고 예측할 수 없고 통제할 수 없는 사건들을 의미한다. 위기사건에 대한 반응으로 사람들에게 위기상태가 초래될 수 있다.

세 번째, 재난(disaster)은 앞서 살펴본 것처럼 예기치 않게 일어난 끔찍한 사건으로 막대한 생명이나 재산의 손실 또는 다른 형태의 손상을 초래하는 급작스러운 사건을 뜻한다. 재난의 영향은 개인뿐만 아니라 지역사회 전체에 영향을 주게 된다. 재난을 경험한 사람들은 즉시적으로 심리적인 응급상태를 보이고, 수일 또는 수주가 지난 후에 심리적 위기로 발전할 수 있다. 재난은 외상적인 사건으로서 위험하고, 압도적이며, 갑자기 발생한다. 미국심리학협회(American Philological Association: APA, 1994)는 외상적 사건(traumatic event)을 '심리적으로 고통을 주고, 거의 모든 사람에게 상당한 고통을 초래하는 일반적인 수준을 넘어서는 사건'이라고 정의하고 있다.

마지막으로, 외상(trauma)은 사람이 정상적으로 다룰 수 없는 압도적인 사건을 경험해서 무력감과 위협을 인식하고, 이후 생활에 막대한 영향을 받게 되는 것을 말한다. 외상을 경험한 사람은 심리적으로 이 사건에 계속 고정되게 된다. 사건의 영향은 위기를 경험하는 사람들이 대다수가 4~6주 지나면 회복되는 것과 달리, 외상을 경험한 사람들에게는 그들이 경험한 외상사건이 장기간 그들의 삶에 영향을 미칠 수도 있다. 외상사건은 개인에게 영향을 미치는 반면, 재난은 지역사회 전반에 영향을 미치는 외상사건이라 할 수 있다.

2) 재난의 특성

모든 재난은 동일하지 않고 재난마다 독특한 특성이 있다. 재난의 영향은 사건의 규모에 따라 차이가 있다. 규모는 심리적인 충격과 높은 상관이 있고(Norris 등, 2002; Weaver, 1995), 범위가 클수록 도움을 주고받는 주변에 심각한 영향을 미치게 되며, 강도가 더해지면 스트레스는 더욱 커지게 된다. 이와 같은 사건이 지속되면 그 영향은 더욱 커질 수밖에 없다.

재난의 특성에 영향을 주는 요인 중에서 첫 번째는 범위이다. 피해를 입은 사람과 건물의 수를 의미하며 범위가 넓은 재난은 도시를 파괴할 수 있다. 2005년 허리케인 카트리나는 그 범위가 32~48km나 되었다. 작은 범위의 재난은 해당지역의 지지망이 유지되지만, 범위가 큰 재난 후에는 정상적인 활동이 감소되고, 전기나 가스, 수도와 같은 공공시설이 붕괴될 수 있다. 실제로 허리케인 카트리나의 피해로 뉴올리언즈시는 도시의 80%가량이 침수되는 피해를 입었다. 범위가 큰 경우 회복에 더 많은 시간이 걸리고, 참혹한 잔해들은 사람들에게 지속적으로 끔찍한 경험을 떠올리게 할 것이며, 상당한 충격을 야기한다.

두 번째는 강도이다. 강도는 범위와 관련이 있지만 동일한 개념은 아니며 범위가 넓다고 반드시 많은 사상자를 생기게 하지는 않는다. 토네이도는 범위는 좁지만 강도가 강해서 많은 피해를 유발한다. 범위는 넓지만 강도가 약한 재난은 장기간 심리적으로 부정적인 결과를 초래하지 않는 반면, 범위가 좁고 강도가 센 재난은 반대의 결과를 보인다. 2003년 미국과 캐나다에 걸쳐서 발생한 대규모 정전사태에서는 약 50만 명 정도가 피해를 입었지만, 사상자는 없었다. 같은 해 뉴욕시에서 페리사고로 11명이 사망하고 많은 사람이 부상을 당했는데, 정전사고보다 페리사고에서 피해를 입은 사람이 더 적었지만 강도 때문에 그 충격은 더 컸다(James & Mary, 2007).

세 번째는 지속성이다. 지속성은 사람들이 재난의 영향을 받는 시간의 길이를 뜻한다. 특히 불확실한 기간의 재난은 스트레스를 상대적으로 더 경험하게 되는데, 언제 경계를 풀어야 할지 모르기 때문이다. 예를 들면, 여진을 동반한 지진은 언제 끝날지 알 수 없기 때문에 불안감을 증폭시킬 수 있다.

위에서 살펴본 것과 같이 재난의 범위, 강도, 지속성은 피해자들의 반응을 결정짓는 중요한 요인이다. 이 세 가지 요인은 삶에 대한 위협, 부상과 죽음과 같은 잔인한 장면에 노출, 가족이나 친구의 상실, 재산의 손실과 관계가 있기 때문이다. 특히, 대규모 재난의 파급효과는 너무 극심해서 정확한 추산이 어렵기도 하다. 일반적으로 재난에 노출된 피해자는 일차 피해자와 이차 피해자로 분류하는데, 이차 피해자는 일차 피해자와 가까운 가족, 또는 사적인 관계가 있는 사람들로서 규모가 큰 재난은 피해자 집단의 범위를 훨씬 확장시킨다.

2. 재난의 유형

유엔인도주의업무조정국(United Nations Office for the Coordination of Humanitarian Affairs: UNOCHA)은 재난의 종류를 자연에서 발생하는 자연재난과 인간에 의해 야기되는 인적재난으로 구분하고 있다. 우리나라 재난 및 안전관리 기본법에서도 마찬가지로 자연현상으로 인한 자연재난과 화재, 붕괴, 환경오염사고 등 사고로 인한 사회재난을 구분하고 있다. 그러나 가끔 이러한 전형적인 구분이 문제를 일으키기도 하는데, 만약 지진으로 부실하게 지어진 건축물이 붕괴되었다면 자연재해인지 인재인지 구분이 모호해진다. 지진은 자연재해이지만, 건축물의 붕괴는 잘못된 설계나 값싼 자재가 원인이 될 수 있기 때문이다. 재난의 원인은 생존자들의 반응에 중요한 영향을 미치게 된다. 생존자들은 재난을 유발한 것이 사람에 의한 것이 아니고 불가항력적인 것이라 믿을수록 그 사건에 적응을 잘하고 받아들이려 애쓰는 경향이 있다. 일반적으로 인위적 재난이 더 많은 정신건강 후유증을 장기간 동반하는 것으로 보고된다(Norris 등, 2002).

1) 자연재난

세계보건기구에 따르면 자연재난은 자연현상이 유발한 재난이며, 날씨와 연관된 지질학적·지형학적 재난과 유행병이나 병충해 같은 생물학적 재난으로 나뉜다. 우리나라 재난 및 안전관리기본법은 다음과 같은 사항을 자연재난으로 정의하고 있다.

자연재난
태풍, 홍수, 호우(豪雨), 강풍, 풍랑, 해일(海溢), 대설, 한파, 낙뢰, 가뭄, 폭염, 지진, 황사(黃砂), 조류(藻類)대 발생, 조수(潮水), 화산활동, 소행·유성체 등 자연우주물체의 추락·충돌, 그 밖에 이에 준하는 자연현상으로 인하여 발생하는 재해

행정안전부(2017)에 따르면 최근 10년간(2008~2017) 우리나라에서 가장 큰 피해를 입힌 자연재난은 태풍, 호우, 대설 순이었다. 태풍은 연평균 1조 5,877억 원 가량의 피해를 입혔으며, 호우로 연평균 1조 4,940억 원, 대설은 2,262억 원 상당의 피해를 준 것으로 나타났다.

(1) 태풍

태풍은 북태평양 남서부에서 발생하여 아시아 동부로 불어오는 풍속 32m/s 이상인 강력한 열대저기압이다. 연평균 26m/s의 태풍이 발생하여 우리나라에는 연평균 3개의 태풍이 우리나라를 통과하는데, 약 70% 가량이 7, 8월에 집중되어 있다. 태풍은 강한 바람과 많은 비를 동반하기 때문에 우리나라에 가장 큰 피해를 주는 자연재난이다.

(2) 호우

장마는 며칠 동안 연속해서 오는 비를 뜻하지만, 호우란 비가 집중적으로 많이 오는 것으로 정의한다. 보통 한 시간에 30mm 이상이나 하루에 80mm 이상의 강우량일 때 또는 연강우량의 10%에 상당하는 비가 하루 동안 내리는 것을 뜻한다. 호우는 고온다습한 북태평양 고기압의 영향으로 많은 비로 인해 홍수나 침수, 산사태 등 이차 피해를 유발한다. 특히, 물이 갑자기 불어나는 돌발홍수는 경고할 시간이 없기 때문의 인간의 생명에 가장 위험하다고 할 수 있다(Burt, 2004).

(3) 대설

대설은 단시간 내에 많은 눈이 내리는 폭설, 많은 눈이 장기간 쌓여서 발생하는 적설해, 경사면에 쌓인 눈이 중력에 의해 경사면을 따라 굴러 내리는 눈사태 등이 있다. 대설은 농업과 육상 및 항공교통, 구조물 및 산업시설에 피해를 유발하게 된다. 특히 수도, 전기, 가스 같은 시설물에 문제가 발생하는 경우 치명적일 수 있다.

(4) 지진

우리나라는 다른 나라에 비해 지진에서 안전한 것으로 인식되었으나 2016년과 2017년 영남지역에서 발생한 지진으로 더 이상 안전하다고 보기 어려워졌다. 특히, 지진은 자연재난 중 가장 파괴적인 것 중 하나이다. 지진은 댐 붕괴로 인한 홍수, 가스관이나 송전선 파열로 인한 화재, 건물과 교각 붕괴 등 대규모 이차 재난을 초래한다. 또한 여진이 뒤따르기 때문에 생존자들의 불안과 공포를 야기하는 재난이다.

우리나라에서 지진 디지털 관측이 시작된 1999년부터 2017년까지 연평균 58.9회의 지진이 발생하였다. 2017년 한 해 동안 우리나라에서는 규모 2.0 이상의 지진이 223회 발생하었으며, 이 중 유감지진[1]은 98회에 달했다.

2) 사회재난

사회재난은 화재, 붕괴, 폭발, 교통사고 등 사고로 인한 재난을 뜻한다. 우리나라 재난 및 안전관리 기본법에서는 사회재난으로 칭하고 있지만, 국제사회의 다른 기준에서는 인적재난으로 칭하기도 한다. 인적재난은 비의도성 재난(nonintentional disaster)과 의도성 재난(intentional disaster)으로 분류하기도 한다. 인간에 의해 유발된 재난은 불법행위와 악의를 통해 유발되는 경우가 있기 때문에 자연재해보다 심리적 고통이 더 크고, 더 많은 증상을 유발한다(Norris 등, 2002). 자연재해는 불가피한 것으로 받아들이는 경향이 있지

1) 사람이 진동을 느낄 수 있을 정도의 지진

만, 인적재난은 막을 수 있는 것으로 여겨지기 때문에 더 큰 분노, 불신, 우울을 유발하는 경향이 있다. 예를 들면, 후쿠시마 원전사고는 일차적으로는 쓰나미에 의한 자연재해이지만 이차적으로 방사능 유출에 의한 기술적 재난이라고 할 수 있다. 현대사회에서 발생하는 이러한 형태의 재난을 복합재난(complex disaster)이라고 부른다. 우리나라 법령에서는 사회재난을 다음과 같이 구분하고 있다.

사회재난

화재·붕괴·폭발·교통사고(항공사고 및 해상사고를 포함한다)·화생방·사고·환경오염사고 등으로 인하여 발생하는 대통령령으로 정하는 규모 이상의 피해와 에너지·통신·교통·금융·의료·수도 등 국가기반체계의 마비, 「감염병의 예방 및 관리에 관한 법률」에 따른 감염병 또는 「가축전염병예방법」에 따른 가축전염병의 확산 등으로 인한 피해

재난에 대한 국제사회의 많은 분류에서는 감염병을 자연재난으로 구분하고 있지만, 우리나라에서는 사회재난에 포함하고 있다. 행정안전부(2017)에 따르면, 최근 10년간 우리나라에서에서 발생한 사회재난[2] 중 가장 많이 발생한 사회재난은 다중밀집시설 대형화재가 25건으로 가장 많고, 해양선박사고와 가축질병이 각 10건이며 두 번째는 산불이 8건으로 나타나고 있다. 이와는 별개로 최근 3년(2015~2017)간 사고 유형을 살펴보면 도로교통사고가 216,335건으로 가장 많고, 화재 44,175건, 등산 6,767건, 추락 6,065건의 순으로 나타나고 있다.

(1) 교통사고

교통사고는 자동차, 철도, 항공기, 선박 등 교통수단으로 인해 인명과 재산피해가 발생한 사고이다. 특히, 최근 3년간의 사고현황을 보면 도로교통사고는 우리나라에서 가장 많은 발생건수와 인명피해를 유발하는 사고이다.

2) 「재난 및 안전관리 기본법」 제3조 제1호 나목에서 정한 피해 중 시군구재난안전대책본부 이상 운영된 재난

항공기는 운항거리 대비 가장 안전한 여행수단이긴 하지만 한 번의 사고로 치명적인 결과를 유발한다(Forbes, 1992). 현대의 선박은 빠르게 침몰하지 않고, 긴급상황을 대비한 구명조끼를 갖추고 있다(Davis, 2002). 그러나 빈곤국에서는 여객선 사고가 흔하고 더 많은 생명을 앗아가는데, 이는 너무 많은 사람이 탑승하거나 안전하게 관리되고 있지 않기 때문이다. 열차의 경우, 한 번에 많은 사람이 탑승하기 때문에 한 번의 사고가 큰 피해로 이어질 수 있다. 교통사고는 대중의 일상생활과 밀접한 관계가 있기 때문에 그 위험에서 벗어날 수 없고 성인과 아동을 불문하고 생존자들의 경우 여러 가지 정신건강의 어려움을 호소한다(Yule, Udwin, & Bolton, 2002). 우리나라에서는 1997년 괌 KAL기 추락, 2002년 김해시 에어차이나 추락, 2003년 대구지하철 화재, 2014년 세월호 침몰사고와 같은 주요한 재난이 있었다.

(2) 화재

화재는 도시의 밀집된 지역이나 건물에서 발생하는 경우 피해규모가 크고 대부분의 사망자는 도심의 주택에서 발생한다(Gillespie, 2004). 산불은 재난의 범위는 크지만, 실제로 피해를 경험하는 사람은 많지 않을 수 있다. 도심에서 발생하는 화재는 범위는 좁지만 강도가 커질 수밖에 없어 많은 피해자를 생기게 한다. 또한 인위적인 가해자가 존재하는 경우가 많기 때문에 피해자들에게 원한감이 강하게 남기도 한다. 생존 이후에도 피해자들은 피해보상이 늦어질 경우 정신적, 신체적인 피로감도 깊어진다. 또한 장기간 재활이 요구되는 심각한 후유증을 남기기도 하고, 삶의 터전을 잃어버린 것에 대한 절망감, 무력감을 호소하기도 한다. 우리나라와 같이 밀집된 지역에 많은 사람들이 모여 사는 곳이나 작은 지역에서 발생하는 대규모 화재사고는 지역 공동체 전체에 큰 영향을 끼칠 수 있다.

(3) 테러

우리나라는 상대적으로 테러로부터 안전한 것으로 인식되고 있다. 테러는 불법적이고 끔찍한 방법을 사용해서 사람들로 하여금 불안감을 유발하는 범죄행위이다. 테러를 하는 궁극적인 이유는 불확실성과 공포감을 극대화해서 한 개인(또는 집단)이 원하는 것을 얻고자 함이다. 특히, 친숙하지 않은 방식을 사용하여 심리적인 불안감을 극대화 하고자 하며 경고 없이 이루어져 강렬하고 압도되는 경험을 하게 한다(Myers & Wee, 2005).

Ⅱ 재난과 정신건강

1. 재난 위기개입

1) 재난 위기개입의 원칙

인도적 지원기관 간 상임위원회(Inter-Agency Standing Committee: IASC, 2007)는 재난 시 사람들의 정신건강 및 심리·사회적 웰빙을 보호하고 증진하기 위한 최소한의 다부문적 대응책을 마련하기 위하여 가이드라인을 발표하였다. IASC는 자연재해나 분쟁 등 많은 사람들에게 심리적·사회적 고통을 초래하는 사건 이후에 피해를 경험한 사람들을 보호하기 위해서 정보 및 비정부 인도적 지원 관계자 간의 조정된 활동이 필요하며, 효과적인 조정과 상호보완적인 지원체계가 필요하다는 문제의식에 기반하여 가이드라인을 만들었다. 이러한 가이드라인을 통해 재난 시 가능한 빨리 실행되어야 하는 필수적이며 우선순위가 높은 최소 대응책을 실행하고자 하는 것이다. 이 가이드라인에서는 다양한 지역, 학문 및 분야에 종사하는 실무자들의 견해와 모범사례에 대해 합의된 사항들이 반영되어 있다. 또한 다양한 집단의 관계자들이 적절한 지원을 제공하기 위한 상호보완적인 접근이 필요하다는 점을 강조하기 위하여 '정신건강 및 심리·사회적 지원(Mental Health and Psychosocial Support: MHPSS)라는 합성어를 사용하고 있다. 본 용어는 심리·사회적 웰빙을 보호하거나 촉진하고, 정신적 장애를 예방하거나 치료하는 것을 목적으로 하는 모든 유형의 현지 또는 외부 지원을 의미한다(IASC, 2007).

IASC의 가이드라인에서는 조정, 현황파악, 보호와 인권, 인적자원, 지역사회 동원 및 지원, 보건서비스, 교육, 정보 보급, 식량 안보 및 영양, 쉘터 및 부지, 물과 공중위생 등 총 11가지 영역에서의 최소 대응을 위한 활동지침을 정하고 있다. 그에 앞서 활동에서 준수해야 하는 핵심 원칙은 다음과 같다.

(1) 인권 및 형평성

인도적 지원 관계자는 모든 피해자의 인권을 증진하고 인권침해의 위험이 높아진 개인과 집단을 보호해야 하며 형평성과 비차별을 촉진해야 한다. 즉 성별, 연령대, 언어, 인종 및 지역에 상관없이 그들의 필요에 따라 피해인구가 정신건강 및 심리·사회적 지원을 이용하고 접근하는 데 있어 공정성을 극대화하는 것을 목표로 해야 한다.

실제로 재난 시 아동, 청소년, 노인, 장애인 등 취약계층으로 분류되는 집단은 특별한 도움을 필요로 하지만 보호자와 분리되거나 적절하게 도움을 요청하지 못하는 경우 도움의 사각지대에 놓이게 되고 형평성 있는 도움을 받기 어려운 상황이 발생할 수 있다.

(2) 참여

인도적 대응 시 피해를 입은 현지 주민의 참여를 극대화해야 한다. 앞서 살펴본 바와 같이 재난은 지역사회의 대응능력을 넘어선 일련의 사건으로 정의하고 있지만, 대부분의 재난상황에서 많은 사람이 구호 및 재건 노력에 참여하기에 충분한 회복력을 보인다. 많은 핵심 정신건강 및 심리·사회적 지원이 외부기관을 통해 전달되기보다는 피해를 입은 지역사회에서 자체적으로 이루어진다. 피해를 입은 지역사회는 이재민과 수용인구(host population)를 포함하며 대개 서로 상충할 수 있는 다양한 집단으로 구성된다. 참여는 현지 주민 내 다양한 하위 집단들이 자신들의 삶에 영향을 미치는 의사결정에 대한 통제력을 유지하거나 되찾을 수 있도록 함으로써 프로그램의

질, 형평성 및 지속 가능성을 실현하는 데 중요한 현지 지역사회의 책임의식을 높일 수 있다. 재난의 가장 초기단계부터 현지 주민들은 지원의 현황 파악, 설계, 실행, 모니터링 및 평가를 하는 과정에 최대한 많이 참여해야 한다.

재난 시 외부에서 제공되는 도움이 영원히 지속되는 것은 아니므로 지역사회의 기능이 급성의 위기단계를 넘기고 정상적인 기능을 빠르게 회복하기 위해서는 지역사회 구성원의 참여가 적극적으로 이루어지는 것이 효과적이다.

(3) 해가 되는 일을 하지 않음(Do no harm)

인도적 지원은 재난 피해를 입은 사람들을 돕는 중요한 수단이지만, 이러한 구호활동이 의도하지 않은 피해를 일으킬 수 있다(Anderson, 1999). 정신건강 및 심리·사회적 지원 활동은 매우 민감한 사안을 다루기 때문에 피해를 일으킬 만한 가능성이 있다. 또한, 정신건강 및 심리·사회적 지원 활동에서 재난에 대한 인간의 심리적 반응의 범위가 어떠한지, 가장 좋은 계획을 수립하고 언제, 어디서, 어떻게 개입할지를 정의내리는 것에 대한 근거는 아직 분명하지 않다(James & Mary, 2007).

인도적 지원 관계자는 다음과 같은 다양한 방법으로 지원 활동에 대한 위험을 줄일 수 있다.

① 조정단에 참여함으로써 타 기관/타인으로부터 배우고, 인도적 대응에서 중복과 격차를 최소화
② 충분한 정보에 근거한 개입 설계(관련 인구학적 정보, 재난 경험, 심리·사회적 문제, 기존의 정신건강 문제, 개입기관의 역량과 활동 등)
③ 평가를 중요시하며, 정밀조사 및 외부검토에 대한 수용적 태도
④ 개입/업무 영역에서의 문화적 민감성 및 역량 개발
⑤ 효과적인 관행에 대한 근거를 지속적으로 업데이트
⑥ 보편적 인권, 외부인과 재난 피해 인구 간의 권력관계, 참여형접근법의 가치에 대한 이해를 증진시키고 이를 지속적으로 숙고

(4) 가용 자원 및 역량 구축

앞서 설명한 것과 같이, 모든 재난 피해 집단은 정신건강 및 심리·사회적 웰빙을 지원하는 자원을 가지고 있다. 재난 초기부터 명심해야 할 주요 원칙은 현지 역량을 구축하고, 자조를 지원하며, 기존의 자원을 강화하는 것이다. 외부에서 주도하여 실행된 프로그램은 부적절한 정신건강 및 심리·사회적 지원(MHPSS)으로 이어지게 되는 경우가 많으며, 지속 가능성 측면에서 제한적인 경우가 많다. 이러한 면에서 정부와 시민사회의 역량을 모두 구축하는 것이 중요하다. 아래에 제시된 것과 같이 피라미드 각 층에서의 주요 과제는 개인, 가족, 지역사회 및 사회의 기술과 역량을 파악, 동원 그리고 강화하는 것이다.

재난 시 정신건강 및 심리·사회적 지원에 관한 개입 피라미드

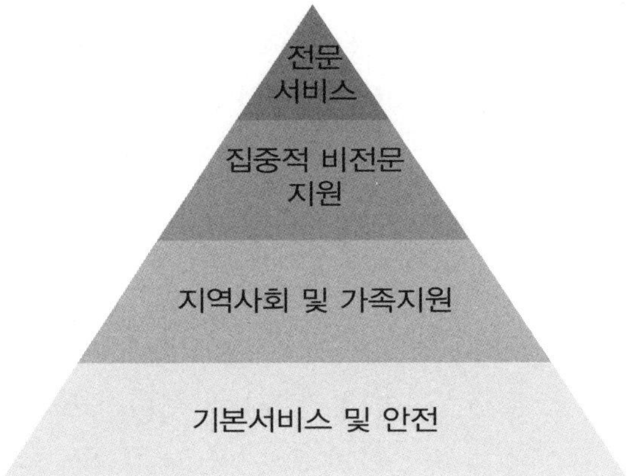

(5) 통합적 지원 시스템

지원 활동과 프로그램의 개발 및 계획수립은 최대한 통합적으로 이루어져야 한다. 성폭행 피해자나 외상후 스트레스 장애(PTSD)와 같이 특정 진단을 받은 사람들만을 대상으로 하는 단독 서비스의 확산은 통합적인 지원이라 할 수 없으며, 분열된 지원 시스템은 효과적인 지원이 아니다. 더욱 광범위한 시스템(예: 기존의 지역사회 지원 메커니즘, 정규/비정규 학교 시스템, 일반 보건

서비스, 일반 정신건강 서비스, 사회 서비스 등)의 통합된 활동은 더 많은 사람들에게 전달될 수 있고 지속 가능성이 보다 높으며 사회적 낙인을 덜 수반하는 경향이 있다.

(6) 다층적 지원

재난 시 사람들은 다양한 형태의 피해를 경험하고 피해의 형태에 따라 필요로 하는 지원의 종류도 다르다. 정신건강 및 심리·사회적 지원을 조직하기 위해서 중요한 것은 다층적 지원 시스템을 구축하는 것으로 이는 상호보완적인 지원을 통해 다양한 집단의 욕구를 충족할 수 있다. 다층적 지원 시스템은 앞서 본 피라미드와 동일하다. 피라미드에 명시된 모든 층의 지원 활동이 중요하며 해당 활동들이 동시에 이행되는 것이 가장 이상적이다.

① 기본 서비스 및 안전

효과적인 위기개입 또는 재난 정신건강 개입은 매슬로우의 욕구단계에서 하위의 세 단계를 잘 다루는 것이 효과적이다. 첫 번째 층은 매슬로우가 설명한 욕구단계 중 첫 번째 생리적 욕구와 안전에 대한 욕구를 충족하는 활동이다(Mitchell, 2014). 모든 사람의 웰빙은 안전의 (재)정립, 적합한 거버넌스, 기본적인 물리적 필요(식량, 피난처, 물, 기본적인 의료 서비스, 전염병의 통제)가 충족되는 서비스를 통해 보호되어야 한다. 대부분의 비상사태 및 재난에서 식량, 보건, 쉘터 부문 등의 전문가들이 기본적인 서비스를 제공한다. 기본 서비스와 안전 관련 필요에 대한 정신건강 및 심리·사회적 지원(MHPSS) 대응은 다음 내용을 포함할 수 있다.

- 해당 서비스가 책임 있는 기관에 배정되도록 촉구
- 해당 서비스가 정신건강 및 심리·사회적 웰빙에 미치는 영향을 문서로 정리하고, 인도적 지원 관계자가 정신건강 및 심리·사회적 웰빙을 촉진할 수 있는 방식으로 서비스를 전달하도록 관여

이러한 기본 서비스는 안전하고 사회적으로 적합한 방식으로 수립되어야 하며, 이를 통해 현지 지역주민들의 존엄성을 보호하고 현지의 사회적 지원을 강화할 수 있도록 지역사회 연결망을 동원해야 한다.

② 지역사회 및 가족 지원

지역사회 및 가족지원을 받을 경우, 정신건강 및 심리·사회적 웰빙을 유지할 수 있는 소수의 사람을 위한 재난 대응을 의미한다. 대부분의 재난에서는 상실, 이주, 가족이산, 지역사회 내 두려움과 불신으로 인해 가족 및 지역사회 연결망에 상당한 분열이 발생한다. 또한, 가족 및 지역사회 연결망이 유지되더라도 재난 시 더욱 광범위한 지역사회 및 가족 지원을 받을 수 있도록 지원한다면 피해를 입은 사람들에게 유익할 것이다. 두 번째 층은 매슬로우의 욕구단계 중 소속과 사랑의 욕구를 만족시키는 활동으로 지역사회 및 가족 전반에 대한 개입활동이 실시될 수 있다. 이 단계에서 유용한 대응 활동은 가족 찾기와 재결합, 애도 및 공동 치유 의식 지원, 건설적인 극복 및 대처 방법에 관한 대중 대상의 커뮤니케이션, 지지적인 보육 프로그램, 정규 및 비정규 교육 활동, 생계 활동, 여성단체와 청소년 동호회 등을 통한 사회 연결망의 활성화 등이 포함된다.

③ 집중적 비전문 지원

개인, 가족 또는 집단개입이 필요한 사람을 위한 좀 더 집중적인 지원이다. 세 번째 층은 숙련된(하지만 전문적 치료에 관한 다년간의 교육은 이수하지 않았을 수도 있는) 활동가들이 추가적인 지원이 필요한 소수의 사람을 위한 활동을 의미한다. 예를 들어, 성차별 폭력 생존자들은 지역사회복지사의 정서적 지원과 생계지원이 복합적으로 필요할 수 있다. 또한 이 단계는 1차 의료 서비스 담당자가 제공하는 심리적 응급처치(Psychological First Aid: PFA)와 기본적인 정신건강 치료를 포함한다.

④ 전문 서비스

피라미드의 최상층은 앞서 언급한 지원을 받았음에도 불구하고 견디기 힘든 수준의 정신적 고통과 기본적인 일상생활을 지속하기에 상당한 어려움을 겪는 소수의 사람들이 필요로 하는 추가적 지원을 의미한다. 이러한 지원은 중증 정신장애를 가진 사람들의 필요가 기존의 일차적/일반적 의료 서비스의 역량을 초과할 때 제공될 수 있는 심리적 또는 정신의학적 지원을 포함해야 한다. 이러한 문제 해결을 위해서는 (a) 전문 서비스가 있을 경우 해당 서비스로의 위탁, 또는 (b) 일차/일반 의료 서비스 제공자를 대상으로 한 장기교육이나 지도가 필요하다. 전체 인구 중 낮은 비율의 사람들만이 전문 서비스를 필요로 하지만 대부분의 대규모 비상사태에서 전문 서비스가 필요한 사람들의 수는 수천 명에 달한다.

각각의 재난이 가지는 고유한 특성과 문화 및 사회·역사적 배경의 다양성 때문에 가장 최적화된 개입에 대한 보편적인 규칙을 정의하기는 어렵다. 하지만 다양한 비상사태나 재난에서의 경험에 비추어 볼 때 어떤 행동은 권장되지만, 어떤 행동은 하지 말아야 한다.

해야 할 것(Do)	하지 말아야 할 것(Don't)
정신건강 및 심리·사회적 지원을 위한 단일 총괄 조정단을 설립한다.	서로 대화하거나 조정하지 않는 정신건강 또는 심리·사회적 지원을 위한 개별 집단을 설립하지 않는다.
조정 회의에 참석하고, 다른 기관의 활동을 보완함으로써 부가가치를 만들어 조정된 대응을 지원한다.	고립되어 업무를 수행하거나, 자신의 업무가 다른 사람들의 업무와 어떻게 조화를 이룰지에 대한 고민 없이 작업하지 않는다.
정보 수집 및 분석을 통해 대응의 필요성을 판단하고, 필요 시 어떠한 종류의 대응을 취할 것인지 판단한다.	현황 파악을 중복 수행하거나, 사전 자료를 무비판적으로 수용하지 않는다.
현지 상황에 맞게 현황 파악 툴을 맞춤화한다.	재난 피해를 입은 현지 정황에 검증되지 않은 현황 파악 툴을 사용하지 않는다.
사람들이 비상사태 및 재난에 다양한 방식으로 영향을 받는다는 점을 인지한다. 회복력이 높은 사람들은 잘 극복할 수 있으나,	비상사태 및 재난 시 모든 사람이 트라우마를 입었다고 간주하거나, 회복력이 있는 것으로 보이는 사람들은 도움이 필요하지 않

어떤 사람들은 심각한 영향을 받아 전문적인 도움이 필요할 수 있다.	다고 가정하지 않는다.
현지 언어로 질문하고, 개인의 정보 보호를 존중하는 안전하고 지지적인 방식으로 질문한다.	중복적으로 현황 파악을 하거나, 후속 지원을 제공하지 않으면서 정신적 고통을 유발하는 질문을 하지 않는다.
성별의 차이를 고려한다.	남성과 여성이 (또는 소년과 소녀가) 비상사태 및 재난에 동일한 영향을 받을 것으로 생각하지 않는다. 또한, 남성을 위해 고안된 프로그램이 여성에게 동일한 수준으로 도움이 되거나 동일한 접근성을 제공한다고 간주하지 않는다.
직원과 자원봉사자를 모집할 때 추천서를 확인하고, 현지 및/또는 피해를 입은 지역사회에서 발굴한 새로운 인력의 역량을 구축한다.	기존의 현지 체계를 크게 약화하는 채용 방식을 사용하지 않는다.
정신건강 및 심리 · 사회적 지원 교육을 제공한 후, 후속 지도와 모니터링을 제공하여 개입이 올바르게 이행되도록 한다.	복잡한 심리 · 사회적 개입을 수행할 수 있도록 사람들을 준비시킬 경우, 일회성의 단독 교육 혹은 후속 조치가 없는 초단기 교육을 활용하지 않는다.
지역사회가 책임지고, 관리 및 운영하는 프로그램 개발을 촉진한다.	지역사회 주민들을 주로 서비스의 수혜자로 취급하는 자선 모델을 활용하지 않는다.
현지 역량을 구축하여 자조를 지원하고, 피해 집단이 이미 가지고 있는 자원을 보강한다.	현지의 책임 및 역량을 약화 혹은 무시하는 지원을 마련하지 않는다.
현지의 문화적 관습에 대해 배우고, 적합한 경우, 이를 활용해 현지 사람들을 지원한다.	모든 현지의 문화적 관습이 유용하다고 생각하거나, 모든 현지 사람들이 이러한 관습에 대해 호의적일 것이라고 생각하지 않는다.
적합한 경우, 타 문화에서 효과적이라 검증된 방법을 활용한다.	해외에서 들여온 방법이 반드시 더 효과적일 것이라고 가정하거나, 현지의 지원 관행과 신념을 무시하여 해외에서 들여온 방법을 현지 사람들에게 강요하지 않는다.
정부 역량을 강화하고, 재난 생존자를 위한 정신건강 치료를 일반 보건 서비스에, 가능한 경우, 지역 정신건강 서비스에 통합한다.	특정 하위 인구집단을 위한 병행적 정신건강 서비스를 수립하지 않는다.
극단적인 스트레스 요인에 노출된 후 극심한 정신적 고통을 받는 사람들이 심리적 응급처치(PFA) 등 다양한 지원에 접근할 수 있도록 한다.	분쟁 혹은 자연재해에 노출된 일반 인구를 대상으로 일회성, 단기 세션으로 구성된 심리적 디브리핑을 조기 개입 수단으로 활용하지 않는다.

일차적/일반적 보건 요원들을 대상으로 모범적인 처방 관행 및 기본적 심리 지원에 관해 교육 및 지도한다.	교육과 지도 없이 향정신성 약물 또는 심리적 지원을 제공하지 않는다.
해당 국가의 기본 약물 목록에 등록된 일반적인 약품을 사용한다.	새로운 상표의 약을 대중적으로 사용하지 않는 상황에서 해당 약물을 사용하지 않는다.
극심한 피해를 입은 사람들을 의뢰하고 지원하기 위한 효과적인 시스템을 구축한다.	정신장애 판정을 받은 사람들을 위한 적절하고 접근 가능한 서비스를 갖추지 않은 상황에서 정신장애 여부를 판단하기 위한 검사를 실시하지 않는다.
정신보건시설에 수용될 가능성이 높은 사람들을 위해 현지에 적합한 간호법을 개발한다.	정신건강시설이 기본적인 치료 및 보호를 위한 임시적이며 명백한 최후의 수단이 아닐 경우, 사람들을 시설에 수용하지 않는다.
지원 기관의 커뮤니케이션 담당자를 활용하여 피해 인구와 외부 세계와의 쌍방향 소통을 촉진한다.	지원 기관의 커뮤니케이션 담당자를 외부 세계와의 소통에만 활용하지 않는다.
대중매체와 같은 경로를 통해 정확한 정보를 제공하여 사람들의 스트레스를 줄이고, 또한 인도적 서비스 접근을 가능케 한다.	사람들의 고통을 과장하거나 사람들을 위험에 처하게 하는 대중매체 이미지를 만들거나 보여주지 않는다.
관련된 심리·사회적 고려 사항을 인도적 지원의 모든 부문에 통합한다.	다 부문적 대응이 없는 상황에서, 임상적 활동에만 집중하지 않는다.

IASC, 2007

2) 재난 심리지원과 전통적인 정신건강 접근의 차이점

재난은 전통적인 정신 건강서비스와는 다양한 측면에서 차이가 있다. 이를 구체적으로 살펴보면 다음과 같다.

	재난위기개입	전통적인 정신건강 접근
목적	재난관련 스트레스 반응을 줄이고, 재난 이전의 기능 수준으로 회복	증상관리, 장기적인 인격변화를 위한 의학적 평가와 치료서비스
대상	재난을 경험한 정상인	정신장애 진단을 받은 사람
목표	지지, 교육, 자원발굴	
방법	방문활동, 자문, 교육, 재난에 대한 경험 나누기, 위기상담	정신치료, 약물치료

내용	• 적극적 • 문제해결과 대처능력의 회복 • 예방적 • 전략적 • 교육적 • 일상생활상의 문제 집중	• 수동적, 소극적 • 탐색적 • 심층적 병리과정 확인 • 자기통찰적 • 집중치료
장소	• 지역사회 기반 서비스 • 피해자들의 생활터전 • 근무처 • 가정 • 도움을 요청하는 곳	• 치료자의 사무실 • 치료기관 • 병원

Myers와 Wee(2005): Disaster Mental Health Services

3) 재난위기개입의 대상자

재난이 미치는 영향이 개인에 따라 차이는 있지만, 재난은 많은 사람들에게 영향을 미치게 되는데 직접적으로 피해를 경험한 사람뿐만 아니라 간접적으로 피해를 입은 사람까지 광범위하게 도움의 대상이 될 수 있다.

(1) 1차 피해자

1차 피해자는 재난으로 인해 가장 극심한 피해를 경험하여 외상사건에 직접 노출된 사람이다. 현장에서 대피한 사람이나 생존자, 유가족 등이 모두 포함된다. 재난으로 직접적인 충격을 받은 사람들이 이후 복구과정에서 다른 심리적인 충격을 받지 않도록 추가적인 보호가 필요하다.

(2) 2차 피해자

2차 피해자는 간접적인 피해를 경험한 사람들, 즉 1차 피해자의 가족이나 가까운 친인척과 친구, 지인이 될 수 있다. 특히, 피해의 결과가 사망으로 이어지는 경우 이들은 유가족이 되며, 심리지원의 주요 대상자가 된다.

(3) 3차 피해자

3차 피해자는 재난현장에서 구조나 복구를 담당하는 구조요원과 초기 대응자들로 소방관, 경찰관, 구급요원, 군인, 자원봉사자 등이 포함된다. 특히 참혹한 현장을 자주 접하거나 시신을 처리하는 일을 하는 사람들이 경험하는 외상과 스트레스는 특히 더 높은 것으로 알려져 있다.

(4) 4차 피해자

4차 피해자는 재난이 발생한 지역에 있는 사람과 관련된 공동체에 속한 사람들을 모두 포함한다. 특히, 직접적인 피해가 발생하지는 않았지만 재난의 여파로 직업이나 재산을 잃은 사람, 기타 장애가 있는 사람들, 앞으로 삶에 영향이 예상되는 사람들은 모두 피해자가 된다.

(5) 5차 피해자

5차 피해자는 기타 재난에 대한 소식을 들은 모든 사람들이다. 지역과 장소, 나이, 성별 등에 상관없이 재난에 대한 소식을 접한 이후 심리적인 스트레스나 혼란감으로 도움이 필요한 불특정 다수가 모두 포함된다.

2. 재난의 반응과 영향

1) 재난의 반응

급성의 스트레스 사건을 경험하면 다양한 스트레스 반응이 나타난다. 재난 이후에 많은 사람들은 다양한 인지·정서·신체·행동적인 반응을 보이는데, 이와 같은 반응은 '비정상적인 사건에 대한 정상적인(일반적인) 반응들이다. 재난 이후에 피해자들 자신이 나타내는 반응이 자연스럽고 일반적인 반응임을 인식하도록 하는 것은 중요하다.

(1) 신체적 반응

- 심박수 증가
- 과호흡
- 소화불량
- 구토감
- 설사
- 변비
- 근육의 긴장이나 통증
- 피로감
- 두통
- 수면장애
- 깜짝 놀람

신체적 반응들은 급성의 스트레스(재난) 상황에서 개인이 인식한 위험에 대해 대응하기 위한 투쟁 또는 도피 반응에 기인한다. 자율신경계가 각성되어 뇌, 심장, 폐와 주요 근육에 혈류가 증가하고 소화기관에서는 혈류가 억제되어 소화기 계통의 활동을 일시적으로 정지시킨다. 이러한 기본적인 생리적 반응들이 신체적인 반응을 초래한다.

(2) 인지적 반응

- 사건에 대한 집착이나 몰두
- 집중의 어려움
- 기억력의 감퇴
- 의사결정의 어려움
- 죄책감
- 행동의 결과를 이해할 수 없음

(3) 정서적 반응

- 불안
- 우울
- 초조함
- 과민성
- 분노
- 적대감
- 기분의 두드러진 변화
- 애도감

(4) 행동적 반응

- 알코올 및 약물 사용의 증가
- 과도한 섭식(또는 식사량의 감소)
- 사회적 철수와 고립
- 충동적인 행동
- 재난을 상기시키는 것을 의도적으로 피함
- 보상적인 성행위

(5) 영적 반응

- 신에 대한 분노
- 신앙 공동체에서 철수
- 삶에 대한 의미 발견
- 신앙의 위기

2) 재난의 반응 단계

재난의 영향 중에서 개인과 지역사회가 활동하고 반응하는 양상에 대한 다양한 고찰이 있다(DeWolfe, 2000; Farberow & Frederick, 1978; Kafrissen, Heffron, & Zusman, 1975; Myers, 1985, 1989, 1994a, 1994b; Myers, O'Callahan,

&Peuler, 1984; Myers, Spofford, & Young, 1996; Stein & Myers, 1999; Weaver, 1995; Young et al., 1998; Zunin & Myers, 1990). 다음의 표는 재난의 단계를 설명하는 것으로서 기간의 차이나 개인 간의 차이가 있을 수 있다. 또한 각 단계는 엄격하게 구분되기 보다는 일련의 시간 안에서 중복되어 나타난다. 경우에 따라 개인이나 지역사회의 활동과 반응이 퇴행할 수도 있다. 그러나 아래의 그림은 재난 정신건강 서비스를 제공하는 데 있어서 재난의 전반적인 단계를 인식하는데 도움이 될 것이다.

(1) 위협단계(threat phase)

위협단계는 재난이 영향을 미치기 전 단계로 잠재적으로 지역사회에 영향을 미칠 만한 위험이 존재하는 시기이다. 태풍이나 홍수 등 다양한 위험이 있을 수 있는데 사람들의 반응은 매우 다양하다. 예상되는 위협에 적절하게 대처하기 위한 준비를 하는 사람이 있는 반면, 재난이 자신에게는 위협이 되지 않을 것이라고 생각하여 적절한 대비를 게을리하기도 한다. 이 시기에 재난위기개입자의 역할은 사람들의 불안을 적절한 대비 행동으로 바꾸어 주는 것이다.

(2) 경고단계(warning phase)

경고단계는 재난의 발생 가능성이 높아졌을 때이며, 경고는 개인과 지역사회가 재난의 영향에 대해 물리적·심리적으로 준비할 수 있는 기회를 제공한다. 경고 없이 발생한 재난은 심리적인 영향이 큰데, 스스로 준비할 수 있는 기회가 없었기 때문이다. 경고단계에서 불신하거나 반감을 보이는 사람들은 과거 경고가 정확하지 않았던 경험으로 인해 경고에 주의를 기울이지 않거나 특별한 보호조치를 취하지 않는다. 그러나 경고에 주의를 기울이지 않아서 상실이 발생하면 죄책감과 자기비난을 경험하게 되기도 한다. 이 단계에서 재난위기개입자는 지역사회에서 신뢰하고 주의를 기울이는 방식으로 경고를 전달해야 한다.

(3) 충격단계(impact phase)

위협과 경고단계를 통해 대책을 세우고 준비를 하지만 갑자기 일어난 재난은 혼란을 야기하고 예상 밖의 변화와 복잡한 결과를 초래한다. 충격단계는 급성의 스트레스에 대한 투쟁/도피 반응이 나타나게 되고 우리 몸의 신체기관은 각성됨으로써 심박수 증가, 혈압 상승, 땀, 손의 떨림, 소화기능 억제, 한기 등 다양한 반응이 나타나는데 한 가지 이상 동시에 나타나기도 한다. 또한, 놀랍거나 섬뜩한 광경과 감각들을 처리하기 위해 개인에게 심리적인 압박을 주기도 한다. 충격단계에서 사람들이 보이는 특정의 행동 유형이 있다. 죽음의 문턱까지 갔다 왔다고 믿는 생존자들은 몸을 동그랗게 웅크리고 있거나 물건 아래애 숨는 것 같은 보호자세를 취하고 타인에게 의지하려고 한다. 재난 시에 함께 모이려고 하는 경향은 친밀감과 소속감이 위기 시에 안심을 제공하기 때문이다. 실제로 이탈리아 폼페이에서 발굴된 AD79년 베수비우스산의 폭발 희생자들은 서로를 붙잡고 있었으며, 911 테러 당시 무역센터 타워에서 뛰어내리거나 떨어진 사람들은 손을 잡고 있었다.

(4) 영웅기 단계(heroic phase)

충격 직후 또는 재난 충격 동안에 나타나는 단계는 영웅기이다. 재난 이후 구출단계에 들어가면 충격으로 가장 어려움에 처한 사람들을 도우려는 생존자들의 즉각적인 행동이 나타난다. 생존자들은 자신이 살아있다는 것으로도 기쁨을 느끼고, 무엇이든 할 수 있을 것 같은 전능감을 경험하게 되는데, 이 시기에 사람들은 심리적인 안정감을 필요로 한다.

(5) 밀월기 단계(honeymoon phase)

밀월기는 상호 동정심을 강화하고 안심을 제공하기 위해서 공동체가 노력하는 단계로서 재난을 경험한 사람들은 목적의식을 느끼고 공유하게 된다. 서로 더 친밀하게 느끼기 시작하며 사회적인 장벽이 무너지고 관용과 희망이 증가한다. 생존자에 대한 사회적인 관심이 증대되고, 대중매체가 현장의 경험을 보도하여 마치 자신이 세상의 중심에 있는 것 같은 경험을 하게 된다. 이런 경험과 기간이 무한정 지속되는 것은 아니고 대략 2주~2개월 정도 지속되는데, 재난의 범위와 강도에 따라 차이가 있다.

(6) 환멸기(disillusionment phase)

재난현장이 안정되면 구조자원은 철수하고 외부의 관심도 줄어들게 된다. 재난보상에 대한 기대가 깨지기도 하고 많은 규정과 제한을 경험하기도 한다. 피해자들은 복구가 지연되는 것으로 인해 피로감과 실망을 경험하고 처음의 에너지나 흥분, 희망이 감소하게 된다. 이러한 반응은 환멸기에서 나타나는 특징으로 신체적인 에너지도 고갈되고 깊은 상실감과 슬픔을 경험한다. 이전 단계에서 억압되었거나 부정되었던 반응들을 보이기도 하는 등 여러 가지 스트레스 반응을 보이기도 한다. 또한 피로감을 느끼거나 사회적인 관계에서 철수하기도 하며 급격한 기분의 변화를 보이기도 한다.

(7) 회복단계(recovery phase)

회복단계에서는 앞선 단계에서 보인 스트레스 반응과 유사하게 이어지지만 반응의 강도는 약해져서 서서히 괴로운 감정과 생각을 추스르기 시작한다. 일상생활에 대한 적응력이 회복되기 시작하고 미래에 대한 계획을 세우기도 한다. 피해자들의 신체적·정서적 기능이 회복되기 시작하고 파괴되었던 건물이나 도로도 복구되기 시작하는 등 회복을 위한 노력들이 여러 가지 형태로 긍정적인 결과를 보이는 단계이다.

(8) 재통합단계(reconstruction phase)

마지막 단계는 짧게는 몇 주, 길게는 몇 년 동안 지속될 수 있는데, 개인에 따라 차이가 있을 수 있다. 이 단계는 개인의 삶과 지역사회 내에서 지속될 것이고 심오한 작업이 요구될 수 있다. 이 단계에서 스트레스 반응은 더 이상 나타나지 않고 재난을 받아들이고 삶에 통합하게 되며 지속적인 어려움을 호소하는 사람에게는 적절한 치료를 연계해야 한다.

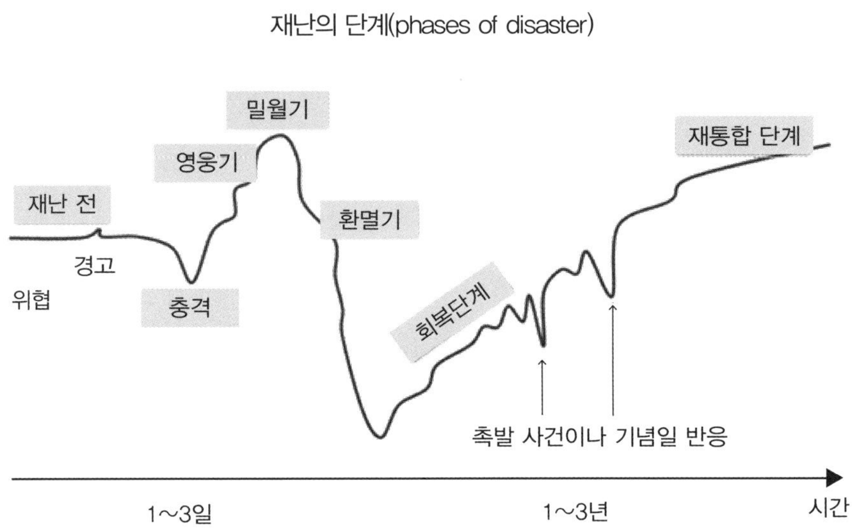

3. 재난과 정신질환

Krug 등(1998)에 따르면, 지진 이후 최초 1년 동안 자살률이 62% 증가하였고 허리케인 후 최초 2년 동안 자살률이 31% 증가하였으며 홍수 이후 4년간 자살률이 약 14% 증가한 것으로 나타났다. 뿐만 아니라, 재난 경험군은 재난 이전 또는 대조군에 비해 17% 더 많은 정신병리 유병률을 갖는 것으로 나타났다(Katz et al., 2002). 재난에 노출된 후의 스트레스는 개개인에 따라 다양하게 나타나고 대부분은 일시적이지만, 일부 정신건강에 지속적으로 영향을 받는 피해자들은 심각한 어려움과 정신질환을 보이기도 한다. 외상사건 이후 PTSD를 겪는 사람들의 80%는 적어도 하나 이상의 다른 정신장애 진단 기준을 충족시킨다(Brady, Killeen, & Brewerton, 2000). 예를 들면, 미래가 축소된 느낌과 기억의 문제는 우울증의 일부이고 과각성 증상은 불안과 일치한다. 또한, 외상사건은 심리적 방어를 압도해 외상사건을 경험한 이들을 더 취약하게 만들어 다른 질환을 유발한다(Horowitz, 1986).

1) 외상 및 스트레스 사건 관련장애(Trauma-and Stressor-Related Disorders)

(1) 외상후 스트레스 장애(Posttraumatic Stress Disorder: PTSD)

2013년 발간된 DSM-5는 현재 대부분의 임상가들이 사용하는 가장 과학적인 정신질환 분류의 기준이 되고 있다. DSM-I 에서는 총체적 스트레스 반응(gross stress reaction)이라는 모호한 진단명을 사용해서 당시 군인이나 성폭행 피해자, 홀로코스트 피해자 등을 진단했다. 이후 DSM-Ⅱ에서는 상황반응(situational reaction)이라는 진단명으로 바뀌었다. 이때까지의 진단은 외상후 스트레스 증상을 일시적으로 보는 문제가 있었고, 만성적이고 심각한 질환의 양상을 반영하지 못하고 있었다. DSM-Ⅲ에서 처음으로 외상후 스트레스장애(PTSD)라는 진단명이 사용되었고, 일반적인 경험을 넘어서는 누구나 힘들어할 만한 사건을 경험한 이후에 나타나는 재경험, 회피, 각성의 세 가지 증상군을 한 달 이상 나타낼 때 진단이 내려졌다. 현재의 DSM-5에서는 과각성, 재경험, 회피, 인지와 감정의 부정적 변화가 진단 증상군에 추가되었으며 1개월 이상 극심한 기능의 장해를 초래할 때 진단을 내리게 된다.

지속적인 과각성 상태는 개인이 감각자극에 대한 과잉행동에 취약하게 만들어 외부 자극을 평가하고 적절한 수준의 생리적 각성을 일으키는 데 어려움을 초래한다. 진짜 위험을 구별하는 능력이 손상되기 때문에 세상에 대한 평가도 왜곡된다. 과각성 상태는 과도한 경계심(hypervigilance)을 동반하는데, 위험이나 안전을 정확하게 구분하는 능력이 손상되어 늘 방어적으로 경계하고 긴장하기 때문에 과민성과 불면증이 흔하게 관찰된다. 깜짝 놀라는 반응도 자주 나타나는데, 일반적으로 강렬한 자극이나 예상하지 못한 소음에 대해 자율신경계와 근육이 반응한다. 대부분의 사람들은 이런 외적 자극을 무시하고 여과할 수 있지만, PTSD를 겪는 사람들은 자신의 반응을 통제할 수 없어서 작은 자극이나 외상과 유사한 자극에 대해서도 과장된 놀람 반응이 나타나기도 한다.

재경험은 플래시백(flashback)이나 침습적인 기억이 대표적이다. 플래시

백은 외상사건에 대한 기억이 다시 일어나는 것으로 강력한 감각이 동반되고 감각을 경험하는 동안 현재와 과거 사건을 구분하기 어려워진다.

과각성과 재경험을 피하기 위해 현재에 주의를 기울이고자 하지만 지속적으로 어려움을 경험할 때 회피증상을 경험한다. 만성적인 과각성과 재경험의 결과로 무의식적인 반응이 형성되면 외상을 떠올리는 단서나 촉발요인이 되는 자극을 회피할 것이다. 외부 자극에 차츰 본인을 멀리하게 되면 정서적인 마비가 나타날 수도 있다. 처음에는 일부의 단서로 시작하지만, 점차 많은 상황으로 일반화되면 외부와의 상호작용을 최소화하고 혼자 고립되려 한다(van der Kolk et al., 1996). 결과적으로 대처를 위해서 외부와 차단하는 것은 새로운 경험을 할 기회 또한 상실하게 한다.

DSM－5에서 추가된 인지와 감정의 부정적 변화는 외상사건의 원인이나 결과에 대해서 자신이나 타인을 비난하게 되는 지속적이고 왜곡된 인지를 설명한다. PTSD를 겪는 사람들은 외상사건으로 인해서 수치심을 느낄 수도 있고, 자신이 결과를 통제 할 수 없는 것에 대해서 죄책감을 느끼며, 외상과 연합된 두려움과 공포, 고통과 함께 자신의 행동에 대한 무력감을 경험한다.

PTSD 진단과 관련해서 중요한 것은 6세 이하의 아동의 경우 자신의 경험을 인지하거나 표현하는 능력이 떨어지기 때문에 '인지와 감정의 부정적인 변화'를 확인하기 어렵다. 따라서 같은 진단 기준을 적용할 때 성인이나 청소년보다 진단율이 10~30% 떨어지기 때문에 아동의 발달단계를 반영할 수 있는 기준이 필요하다(Scheeringa et al., 2011).

(2) 급성스트레스 장애(Acute Stress Disorder: ASD)

급성스트레스 장애는 DSM－Ⅳ에서 추가된 진단으로서 PTSD로 진단되기 전인 외상사건 3일 이후 1개월 이내에 관련된 증상을 보일 때 진단된다. ASD는 침습, 과각성, 회피, 부정적 감정과 해리증상을 포함해야 하는데 해리증상은 다음의 다섯 가지 기준 중 세 가지를 포함해야 한다.

－ 감정반응의 둔화

- 주변 환경에 대한 인식 감소
- 비현실감
- 이인증
- 해리성 기억상실

처음 ASD는 PTSD로 진행될 사람을 미리 선별하고 재난 피해자 중 적응장애로 진단되거나 정상군으로 간과되는 사람을 선별하여 초기에 적절한 진단과 대응을 하고자 함에 있었다(Bryant et al., 2011). 그러나 ASD와 PTSD는 진단의 기준이 다르다. 특히 ASD는 해리증상을 강조하는데, 이러한 차이가 ASD의 진단을 통한 PTSD의 예측을 어렵게 하고 있다(Bryant & Harvey, 2000). 실제로 PTSD로 진단된 사람들의 48%만 ASD로 진단되었다(Bryant et al., 2011). 이와 같은 결과들은 1개월 이후에 진단되는 PTSD의 당위성을 뒷받침하기도 하지만 PTSD를 예측하고자 하는 ASD의 기능이 부족하다. 이를 보완하기 위해 ASD 진단기준의 민감도를 증가시킬 수 있는 연구가 필요하다.

2) 주요우울장애(Major Depressive Disorder: MDD)

주요우울장애는 PTSD, 물질관련장애와 함께 재난상황에서 가장 많이 발생하는 질환 중 하나이다. 주요우울장애는 우울한 감정과 흥미·즐거움의 감소를 주된 증상으로 한다. 이 외에 체중의 유의한 변화, 수면의 변화, 피로감이나 에너지 저하, 무가치감, 죄책감, 집중력 저하, 자살생각 등이 있다. 이러한 증상과 유의한 기능의 장애가 동반될 때 주요우울장애로 진단한다. DSM-5에서는 이전과 달리 진단기준에서 '사별제외(Befeavement Exclusion)' 기준을 삭제했다. 사별로 인한 우울삽화가 다른 우울삽화와 증상, 경과, 결과가 다르지 않다는 이유와 함께 주요우울장애의 원인에 상관없이 진단기준에 부합하면 적극적으로 개입해야 한다는 이유 때문이다.

연구마다 편차가 크지만, 재난 이후 주요우울장애 유병률 메타분석에 따르면 성인의 경우 5.8%~54.0%, 아동은 7.5%~44.8%의 유병률을 보였다(Tang et al., 2014). 국내에서는 2007년 태안 기름 유출사고에서 태안 주민을 대상으로 사고 후 2개월, 8개월에 조사하였을 때, 지역에 따라 2개월 후 22.7%~54.0%, 8개월 후 14.3%~28.3%의 유병률이 보고되었다(김교헌, 권선중, 2009).

재난에서 심한 피해를 경험한 것은 주요우울장애의 위험요인이 될 수 있다. 개인이 경험한 실제적인 피해의 심각성뿐만 아니라 타인의 고통을 직접 목격한 경우도 주요우울장애에 영향을 미친 것으로 나타났다(Rosendal et al., 2011). 재난 이후 우울증상은 시간이 지나면서 줄어든다는 것이 공통적인 연구의 결과(Nandi et al,. 2009)이지만, 911 테러 후 10여 년간의 추적연구에서 주요우울장애 유병률은 14.9%, 주요우울장애와 PTSD 모두 있는 경우는 10.1%였다(Caramanica et al., 2014). 주요우울장애와 PTSD의 공병률은 연구에 따라 10%~60%로 매우 높다. 특히, 두 질환의 공병은 주요우울장애만 겪는 사람보다 증상의 수와 심각도에서 더 우울하고 만성적으로 악화되며 자살위험도 더 높은 것으로 나타났다(Weiss, 2001).

3) 수면각성장애(Sleep-Wake Disorder)

수면각성장애는 건강한 수면을 취하지 못하거나 충분한 수면을 취하고 있으면서도 낮 동안 각성을 유지하지 못하는 상태 또는 수면 리듬이 흐트러져 있어서 잠자거나 깨어 있을 때 어려움을 겪는 상태를 포함하는 광범위한 개념이다. 재난 이후 수면각성장애 중 불면장애는 흔한 증상(이민수 외, 1997; Galea et al., 2002; Chen et al., 2001)으로 10~40년 이상 지난 후에도 수면에 문제가 있는 것으로 보고되었고, 유년기 트라우마 경험이나 외상의 정도와 관련이 있을 것으로 추정된다(Babon et al., 2010). 외상경험이 수면각성장애를 증가시키고 PTSD가 있는 경우 더 많이 나타나기 때문에 불면장애는 재난을 경험한 사람들에게 있어서 중요하게 다루어져야 한다. 특히, 불면장애는 낮 동안의 피로와 집중력 및 기억력 장애, 짜증을 동반하기 때문에 삶의 질에 막대한 영향을 미친다. 외상 이후에 나타나는 수면의 문제는 PTSD의 발병 가능성을 높이고, 성공적으로 치료한 PTSD에서도 끝까지 남아 있는 증상이 수면관련 장애인 경우가 많다. 그래서 재난 이후에 재난을 경험한 사람들의 수면 문제를 면밀하게 검토할 필요가 있다.

4) 물질관련장애(Substance-Related Disorder)

물질관련장애 발병이나 재발의 주요한 원인 중 하나는 스트레스인데 재난은 극도의 스트레스로서 알코올, 니코틴, 기타 약물 관련장애를 초래할 것이라는 것은 충분히 예상 가능하다. 2016년 현재 우리나라 흡연율은 23.9%, 월간 음주율[3])은 61.9%이고 알코올관련장애 평생유병률은 12.2%, 니코틴관련장애 평생유병률은 6% 수준이다. 우리나라의 음주와 흡연 등 물질남용 및 의존의 문제는 이미 국제적으로 심각한 상태이며, 재해와 관련해서 위험은 더 증가할 가능성이 있다. 실제로 오클라호마시 폭탄 테러 이후 도시주민의 음주율과 흡연율이 약 2배 증가하였고(Smith et al., 1999), 나이로비 폭탄 테러 생존자에 대한 연구에서 5.1%가 알코올, 4.1%가 담배소비를 증가시킨 것으로 나타났으며(North et al., 2005), 911 테러 4개월 이후 테러 전과 비교해 보았을 때 담배의 소비 9.7%, 알코올 소비 24.6%, 마리화나 소비가 3.2%는 증가했다고 보고했다(Nandi et al., 2011). 또 다른 종단연구에서는 테러 1년 후 생존자의 약 10%가 한 달 음주회수가 4~5회 증가했다고 답했으며, 9.3%의 생존자가 음주 시 음주량이 증가했다고 응답했다(Adams et al., 2006).

반면, 재난 이후 약물이나 알코올의 사용이 폭발적으로 증가하지 않았다는 연구도 있다. 미국 텍사스에서 있었던 대규모 총격사고 이후 6~8주 시점에 생존자들의 알코올 및 약물 관련장애 유병률은 각각 7.5%와 0.0%였다. 반면, 1년 후 알코올 및 약물 관련장애 유병률은 5.7%와 0.8%인 것으로 나타났다(North et al., 2001). 그러나 여러 연구에서 반복적으로 재해 이후 물질관련장애 유병률에서 물질관련장애의 과거력이 가장 중요하게 영향을 미치는 요인인 것으로 보았다(Smith et al., 1990).

PTSD는 높은 공병률을 나타내는데 주요우울장애, 물질관련장애, 불안장애, 해리증상 등이 주로 동반된다(Van Minnen, Zoellner, Harned, & Mills, 2015). 미국의 PTSD 환자 중 남성의 52%, 여성의 28%가 알코올관련장애를 함께 겪

3) 월간 음주율: 최근 1년 동안 한 달에 1회 이상 음주한 분율

고 있고, 기타 습관성 약물관련장애를 겪는 비율도 남성의 35%, 여성의 27% 가량 되는 것으로 나타났다(Kessler et al, 1995). 911 테러 이후 알코올, 담배, 마리화나의 소비가 증가했는데, 테러 이전 이런 물질을 사용하고 있던 집단에서 더 유의하게 증가하였고, 테러로 인해 PTSD나 주요주요우울장애가 동반된 경우 특히 증가하였다(Marshall & Galea, 2001; Vlahov et al., 2002; Vlahov et al., 2004).

재난으로 사회 전반이 불안정하고 알코올이나 흡연에 의한 사회적인 폐해가 심각한 우리의 상황에서 재난으로 어려움에 처한 사람들이 습관성 물질을 통해 스트레스를 해결하고자 할 가능성은 매우 높다. 습관성 물질사용의 증가는 그 자체만으로도 개인의 신체와 정신에 부정적인 영향을 초래할 가능성이 매우 높고 PTSD나 주요우울장애와 같은 정신질환의 발생과 증상 악화에 심각한 영향을 미치게 된다. 따라서 재난 이후 초기에 피해자 및 생존자에 대한 물질사용의 평가와 절절한 초기개입이 필요하며 PTSD 환자의 약물남용이나 알코올 남용이 있는지 확인하는 것이 필요하다.

4. 재난의 취약계층

재난은 물질적, 심리적인 피해를 유발한다. 재난에 취약하다는 것은 일반의 피해자나 생존자들보다 재난 시 요구가 더 복잡하거나 심각하다는 것을 의미한다. 재난의 취약집단은 '재난의 대비, 구호, 회복을 위해서 제공되는 기본적인 자원들을 편리하고 안전하게 얻거나 사용할 수 없는 집단'으로 설명할 수 있다(PrepareNow, 2005). 이들은 연령이나 신체적 장애, 인지적 장애, 일반인과 다른 여러 가지 요인들 때문에 삶의 질 저하를 더욱 민감하게 느끼고 다양한 요구를 가진다는 특징을 지닌다. 또한 재난이 발생할 경우 상대적으로 높은 위험에 처할 수 있고 더 큰 충격을 받을 수도 있기 때문에 부정적인 영향을 최소화하기 위한 특별한 도움을 필요로 한다.

취약집단은 신체적 장애인, 언어적 제한을 가진 사람들, 지역적으로 고립된 사람, 의료처치나 약물이 필요한 사람, 아동, 노인 등을 포함한다. 여성은 남성보다 재난에 더 부정적인 심리적 반응을 보이는 경향이 있기 때문에 취약집단으로 간주된다(Norris, Friedman, Watson, Byrne, Diaz, & Kaniasy, 2002). 그동안 우리나라에서는 언어나 문화적으로 소외된 사람들에 대해서 많이 다루지 않았으나, 국내에 거주하는 외국인이 100만 명이 넘고 다문화 가정의 비율이 지속적으로 증가하고 있기 때문에 이들에 대한 지속적인 관심이 요구된다.

1) 아동

아동은 신체·인지·정서적으로 발달과정에 있기 때문에 어릴수록 성인의 도움과 보살핌이 절대적으로 필요하다. 아동은 환경을 스스로 통제할 능력이 부족하기 때문에 아동의 특별한 요구를 이해하고 적절하게 대응하기 위해서는 아동의 관점에서 이해하는 것이 매우 중요하다. 아동은 본인의 외상적인 경험과 어려움, 필요를 말로 표현하기 불가능하거나 어렵기 때문이다.

아동은 우선 재난 시 물리적으로 적절하게 대응하는 능력이 떨어지며 사건의 과정과 결과를 정확하게 이해하는 데 제한이 있다. 성인보다 물리적인 대응능력이 떨어지기 때문에 재난 시와 재난 이후 더 치명적인 위험에 노출될 가능성이 증가하며, 거주지가 사라지게 되면 감염병의 위험에 노출되는 등 밀집된 시설에서 건강문제를 유발할 수 있다. 또한 인지적인 발달수준이 낮은 경우, 스트레스에 효과적인 대처를 어렵게 한다. 재난 이후 경험하는 심리적인 불편감을 제대로 인식하는 것이 어렵거나 본인이 느끼는 감정을 알아차리거나 표현하는 것도 어렵다. 성인보다 스트레스에 대처하는 자원이나 필요한 자원을 동원하는 능력이 떨어지기 때문에 심리적인 문제에 대응하는 것도 힘들어진다. 특히, 외상경험에 사로잡혀 일상 활동이 불가능 하거나 발달상의 과업을 지속할 수 없다면 재난 경험은 성인기에도 지속적으로 영향을 미치게 된다.

Norris 등(2002)은 재난의 심리적 영향에 대한 20년간의 연구에서 성인보다 학령기 아동집단이 훨씬 더 심각한 영향을 받는 것을 발견하였다. 약 52%의 아동이 심각하거나 매우 심각한 영향을 받은 것에 비해 성인은 42% 정도인 것으로 나타났다. Green 등(1991)은 댐 붕괴사고를 경험한 8세 이하 아동이 8~15세 아동보다 영향을 덜 받는다고 하였으나, 또 다른 연구에서는 허리케인 이후 가장 영향을 받은 집단은 9~12세 아동으로 13~16세 아동이 영향을 덜 받은 것으로 나타났다(Lonigan et al., 1994; Shannon et al., 1994). 또한, 재난 후 아동의 심리적인 반응에 가장 영향을 미치는 요인은 부모인 것으로 나타났다(Norris et al., 2002; Wasserstein & La Greca, 1998). 미국의 댐 붕괴 이후 부모의 정신병리가 아동의 부정적인 결과를 예측하는 중요한 요인이었는데, 짜증을 덜 내고 지지적인 부모의 아동이 훨씬 건강한 것으로 나타났다(Gleser et al., 1981).

다음은 아동과 청소년들이 재난 경험 시 보이는 공통적인 반응이다.

(1) 행동의 변화

재난 발생 시 또는 재난 이후에 아동의 행동에서 유의한 변화가 있다는 것은 정서적으로 영향을 받았다는 것이다. 활발했던 아이가 조용해지거나 철수행동을 보이거나, 얌전한 아이가 공격적이 되거나 반항적이 될 수 있다.

(2) 두려움과 불안

아동은 재난이 다시 일어날까 봐 또는 부모와 헤어지게 될까 봐 두려워할 수 있다. 구체적으로 상해, 죽음, 분리, 상실과 관련한 공포가 나타날 수 있다.

(3) 재난의 재경험

아이들은 사건에 대한 침습적인 사고를 경험할 수 있고, 재난과 관련한 꿈이나 다른 악몽, 재난에 대한 놀이나 감정이 반복적으로 나타난다.

(4) 혼란감

아이들은 재난이 왜 일어났는지 이해하지 못하고, 사건에 대해서 본인이나 다른 사람들이 어떻게 대응해야 하는지 알지 못한다. 다음에 어떤 일이 일어날 것인지에 대해 걱정하고 혼란감을 경험한다.

(5) 퇴행

대부분의 아동과 청소년들은 현재 발달단계의 이전 단계로 퇴행행동을 보이게 된다. 어린아이들은 손가락 빨기, 야뇨, 형제와 싸우기 등의 행동을 보일 수 있으며 청소년들은 성인과 같은 행동과 의존적인 행동사이를 번갈아 보이게 된다.

(6) 수면문제

수면문제는 재난 이후에 아동과 청소년에서 가장 공통적으로 나타나는 반응 중 하나이다. 잠자리에 들지 않으려고 하거나, 혼자 자기 싫어하거나, 불을 켜놓고 자려고 하거나, 일찍 일어나거나, 악몽을 꾸는 것 등이 대표적인 행동이다.

(7) 신체적 불편감

아동과 청소년들은 광범위한 신체적 불편감을 겪을 수 있다. 두통과 복통이 가장 흔하게 나타난다. 학교의 양호교사나 보육교사, 양육자 등은 아동의 신체적 증상의 패턴을 확인하고, 재난과 관련한 스트레스 증상을 인지하고 있어야 한다.

DeWolfe(2000), Farberow와 Gordon(1981), Lystad(1985), Myers(1989), Norris 등(2002), Pynoos와 Nader(1993), Young 등(1998)은 아동의 연령별로 전형적으로 나타날 수 있는 반응과 적절한 개입에 대해서 아래와 같이 제시하고 있다.

(1) 학령전기(1~5세)

취학 전 유아기 아동은 죽음에 대해서 이해하지 못하고 분리되거나 유기되었을 때 상실을 경험한다. 3개월가량의 아이들은 주 양육자를 잃어버린 것에 반응하고 6~18개월 아이들은 엄마로부터의 분리와 엄마가 느끼는 고통과 슬픔에 민감하게 반응한다(Raphael, 1986). 이 시기의 아이들은 재난에 대한 스트레스에 효과적으로 대처할 언어적, 개념적 기술이 부족하기 때문에 대부분의 증상은 비언어적으로 나타나며 인지적으로 미숙하기 때문에 여러 정보에 대해서 다 이해하는 것이 어렵다.

① 행동적 반응

- 야뇨, 손가락 빨기
- 매달리기
- 분리불안
- 어둠, 동물 또는 기상(날씨)에 대한 두려움
- 혼자 잠자기를 싫어함
- 우는 행동의 증가
- 퇴행행동
- 무력감과 수동성
- 과잉행동
- 철수
- 공격적 행동

② 신체적 반응

- 식욕상실
- 복통
- 구토
- 수면장애, 악몽

– 틱 행동
– 야뇨, 빈뇨, 잦은 배변

③ 정서적·인지적 반응
– 두려움
– 불안, 불안정
– 무기력
– 과민함
– 슬픔
– 혼란감
– 화내기, 짜증
– 감정을 알아차리기 어려움

④ 개입
– 말로 안심시키고 지지하기
– 휴식과 물리적인 안전감 제공하기
– 자주 주의를 기울이고 보살피기
– 불필요한 분리 피하기
– 정해진 시간동안 퇴행행동 허용하기
– 일시적으로 아이들이 부모와 함께 잠자는 것을 허용하기
– 상실(죽음, 애완동물, 인형)에 대해서 표현하도록 하기
– 느낌에 이름 붙여주기
– 아이들이 혼란스러워 할 때 반복적으로 설명해주기
– 필요하다면 죽음에 대해서 설명하기
– 재난 외상에 대해서 미디어에 노출되는 것을 확인하기
– 놀이를 통해서 표현할 수 있도록 하기

(2) 학령기(6~11세)

이 시기의 아동은 인지발달이 가속화된다. 언어능력과 시간에 대한 이해가 증가하지만 추상적 개념을 이해하는 데는 여전히 어려움이 있다. 그래서 이 시기의 아동은 적절한 언어적 표현을 할 수 있지만, 재난으로 인해 나타나는 증상은 여전히 행동적으로 표현된다. 따라서 신체적·정서적 상태를 잘 해석하는 것이 어렵다. 또한, 죽음에 대한 인식이 생겨나고, 사건에 대해 궁금해 하며 질문이 많아진다. 이 시기의 아동에게는 어떤 일이 일어났는지 이해할 수 있도록 재난과 상실에 대해서 함께 이야기하고 안전조치와 가족의 비상대책 논의 과정에 자연스럽게 참여시키며 이야기할 수 있도록 하는 것이 도움이 된다.

① 행동적 반응

- 학교에서 수행의 하락
- 학교가기를 거부함
- 집이나 학교에서 공격적인 행동
- 반항
- 과도한 행동이나 유치한 행동
- 아이처럼 울기, 매달리기
- 친구나 형제자매와 싸우기
- 부모의 관심을 얻기 위해서 어린 동생과 경쟁하는 행동이 증가
- 이전에 취미(놀이)활동을 할 수 없음
- 철수
- 외상(재난)에 대해난 놀이나 이야기하기

② 신체적 반응

- 식욕의 변화
- 두통

- 복통, 구토
- 수면장애, 악몽
- 청각이나 시각의 문제

③ 정서적·인지적 반응

- 집중의 어려움, 주의산만
- 막연한 공포감
- 어두움에 대한 공포
- 짜증, 과민함
- 우울
- 화내기
- 재난이나 안전 등에 강박적 몰두
- 외상(재난)에 대한 책임감과 죄책감
- 부모의 불안을 관찰
- 분리 불안

④ 개입

- 주의와 관심 갖기
- 학교와 가정에서 나타나는 일시적인 수행문제에서 여유를 갖기
- 행동화(acting out)에 대해서 온화하지만 분명하게 제한하기
- 어렵지 않은 집안일이나 활동으로 구조(structure) 제공하기
- 언어와 놀이로 생각과 느낌을 표현하도록 권장하기
- 재난에 대해서 반복적으로 이야기하는 것을 이해하고 경청하기
- 어떤 일이 일어났고, 앞으로 어떤 일이 발생할 수 있는지 실제적이며 연령에 맞는 정보를 제공하기
- 기억이나 정서를 '촉발시키는 원인(trigger)'이 무엇인지 확인하고 이야기하기
- 응급키트준비, 가족 대피 계획 연습에 아동과 함께하기

– 앞으로의 재난에 대한 안전조치 리허설하기

(3) 청소년 전기, 청소년기(12~18세)

청소년기에는 수면장애나, 반항행동 등 학령기 아동과 유사한 행동적 반응을 보이며 심리적 불편감이 다른 신체적 고통이나 통증으로 나타나기도 한다. 이 시기는 아동기와 달리 재난의 영향이 행동적 반응으로 나타나는 경향은 줄어든다. 또한, 정서와 인지 간의 상호적 관계가 발달하기 때문에 외상을 인지적으로 처리하고 통합시킬 수 있는 잠재력을 가진다. 그래서 청소년들의 재난경험은 아동보다는 성인의 경험과 더 유사하다. 청소년들이 사회적인 활동을 지속하고 또래관계 안에서 본인의 경험과 감정을 자연스럽게 해소하도록 돕는 것이 필요하다.

① 행동적 반응

– 학업수행능력 감소
– 가정이나 학교에서 반항
– 권위에 저항
– 이전의 책임 있는 행동의 감소
– 흥분 또는 에너지 수준 감소나 무관심
– 반사회적 행동
– 공격적 행동
– 약물 남용
– 사회적 철수
– 생명에 해가 되는 행동(자살시도, 무모한 운전, 안전하지 않은 성관계 등)
– 너무 이른 성인 행동이나 태도

② 신체적 반응

– 식욕변화
– 두통

- 소화기관의 문제
- 피부 발진
- 경미한 통증으로 인한 불편감
- 수면장애
- 생리불순

③ 정서적·인지적 반응

- 또래활동, 취미에 대한 흥미 상실
- 슬픔, 우울
- 무력감
- 죄책감, 수치심
- 혼란감

④ 개입

- 계속적인 주의와 관심 갖기
- 학교와 가정에서 나타나는 일시적인 수행문제에서 여유를 갖기
- 재난 경험에 대해서 의지할 수 있는 사람과 이야기하도록 권장하기
- 신체적인 활동 권장하기
- 앞으로의 재난에 대한 안전조치 리허설하기
- 사회적 활동, 운동경기, 동아리활동 등을 재개하고 지속하도록지지하기
- 자살생각과 무모한 행동에 대해서 다루기(함께 이야기하기)

2) 노인

재난 이후 개인에 따라 반응과 스트레스의 차이를 보이지만, 노인은 재난 발생 시 신체적인 취약성 때문에 우선적으로 도움이 필요하며 심리적인 요구보다는 현실적이고 물품에 대한 도움을 더욱 필요로 한다. 그러나 장기적으로는 부정적인 반응이 더 적은 집단이다. 또한, 노화 자체가 재난의 영향

에 취약하도록 만드는 것은 아니며 신체, 정신적 능력, 학습 능력, 감각 등 재난 이후 원래의 생활로 돌아오는 데 도움을 더 필요로 하는 것이 무엇인지 아는 것이 중요하다. 그래서 신체연령보다는 기능적 능력에 따라 노인인구를 분류하는 것이 더욱 유용하다. 일상생활이나 도구적 활동(대중교통 이용, 재정관리, 쇼핑 등)을 할 때 신체, 인지, 사회, 경제적 능력에 한 가지 이상의 제약을 가진 노인이 재난 시 도움을 더욱 필요로 하는 집단이 될 수 있다. 이들이 가진 제약은 개인의 독립성을 저해하고 타인에 대한 의존성을 증가시키며, 기본적인 생존을 위해서 본인이 가진 자원을 사용해야 하기 때문에 재난으로 인한 부가적인 스트레스를 다루기 위해 사용할 수 있는 자원이 제한적이다(Oriol, 1999).

(1) 재난에서 노인의 취약성

노인이 재난 시에 가지는 취약성은 심리·정서적인 부분보다는 물리적인 부분이 더욱 크다고 할 수 있는데 신체적 이동능력의 감소, 감각적 인식의 감소, 인지적 제한, 이전의 건강상태, 사회·경제적 제약 등이 포함된다. 재난 이후의 뒤바뀐 환경은 노인에게 적응의 어려움을 초래하고, 작은 문제처럼 보일 수 있지만 효과적으로 해결하지 못하면 이후 더 큰 문제가 나타날 수 있다.

① 이동성 : 노화과정에서 발생한 균형감각의 손실, 근력 저하, 운동기능의 약화 등은 대피를 어렵게 한다. 운전을 하지 않는 경우라면 생필품을 얻는 것도 어렵고, 이동 자체를 어렵게 한다. 특히, 가까운 곳에 가족이나 사회적인 지지체계가 없는 노인은 대인 및 대물 손상에 더 취약하다(Langer,2004). 이동성의 문제는 이후 회복의 단계에서도 지속적인 영향을 미칠 수 있는데 도움을 받기 위해 긴 시간 줄을 서야 하는 것이 불가능하기 때문이다.

② 이전의 의학적 상태 : 재난 이전 개인이 가진 의학적인 상태는 의료기관, 약물, 전기가 필요한 의료기구의 상실 시 악화될 수 있다. 또한,

일반적으로 노인들은 더위와 추위의 영향에 더 취약하고, 극한의 온도가 질환으로 이어질 수 있다. 실제로 2003년 유럽에서 있었던 폭염 때문에 13,000명 이상의 노인이 사망했던 일이 있다(James & Mary, 2007).

③ 감각의 한계 : 노화가 진행되면서 자연적으로 감각의 민감성이 퇴화된다. 그래서 위험신호나 경고음을 잘 듣지 못하고 도피로를 찾는 것이 어려울 수 있으며, 사건이 얼마나 위협적인지 평가하는 데 방해가 된다. 음식의 맛이나 냄새를 구별하는 것이 어렵기 때문에 식중독에 걸릴 위험이 높아지며, 연기나 냄새에 대한 민감도가 떨어져 조기에 대피하는 것이 어려워지기도 한다. 또한, 어두움 가운데서 안내선을 찾거나 안전한 길을 찾는 것도 위험을 가중시킨다.

④ 인지적 한계 : 일부 노인들은 재난 전후에 어떤 일이 일어나고 있는지 심각성을 충분히 이해하는 것이 어려울 수 있으며, 쉽게 혼란을 일으키거나 지남력을 잃어버릴 수 있고, 비상시에 해야 할 행동지침을 정확하게 기억하지 못할 수 있다. 특히, 지속적으로 복용해야 하는 약의 투약시간을 혼동하는 것은 이차적인 위험을 초래할 수 있다.

노인들은 재난 이후 이들을 보호해줄 경제적·사회적 자원이 없는 경우가 많다는 점에 주목해야 한다(James & Mary, 2007). 배우자나 형제자매가 사망하고 자녀가 멀리 있다면 자연스럽게 사회적 지지가 감소한다. 실제로 대규모 재난 이후 가족이산이 많이 발생하는데, 이러한 현상은 노인들의 자원이 더욱 감소할 것을 예측케 한다.

(2) 이주 외상(transfer trauma)

재난 시에 다른 곳으로 이주하는 것은 누구에게나 스트레스인데 노인들에게는 특히 적응 스트레스가 악화되는 경향이 있다(Oriol, 1999). 노인들은 대피하라는 명령이 내려지면 그렇게 하기를 원하지 않으며 친숙한 환경인 집에서 그 상황을 견디려고 한다. 갑작스럽게 떠나려면 우선 필수적인 약품과 중요한 물건들을 챙겨야 하는데 이동능력이 떨어지는 노인들에게는 힘든 일이다. 또한, 소중한 물건이나 애완동물을 두고 떠나야 한다면 이동을 더욱 어렵게 하는데 실제로 애완동물은 노인의 대피 결정에 큰 영향을 미치게 한다. 특히, 대피소에서 애완동물과 함께 지낼 수 없다면 더욱 그렇다. 2014년 구마모토 지진 이후 여진의 위험이 있었지만, 한 요양원의 노인들은 대피하지 않고 계속 요양원에 머물겠다고 했다. 일본의 고베지진 이전에 건강했던 노인들은 대피소에서 생활한 이후 치매, 지남력 상실, 요실금을 경험했다(Shinfuku, 2005).

이주와 재배치 후에 새로운 환경에 적응해야 하는 일은 노인들에게 우울, 짜증, 심각한 질병, 심하게는 죽음까지 초래할 수 있는데(Young et al., 1998), 한 연구에서 홍수 이후에 대피했던 요양원의 거주노인 47명 중 15명이 7개월 후에 사망했다는 보고가 있다(Oriol, 1999). 당시 요양원 원장은 한밤중에 이동해서 낯설고 먼 곳에 배치되는 것과 관련된 스트레스가 노인환자들에게는 너무 힘든 일이었다고 이야기하였다.

(3) 심리적 영향

재난 이후에 노인들은 크고 작은 상실을 경험하게 되는데, 예를 들면 체력의 변화, 장애가능성의 증가, 배우자가 사망하거나 친구나 다른 가족의 사망, 직장, 경제력 등이 있다. 따라서 시간이 지날수록 노인들의 지지체계는 불안정해지고, 고립이 증가하게 된다.

그러나 앞서 재난 시에 노인이 가질 수 있는 여러 가지 취약성에 대해서 언급하였지만 심리적인 부분에 대해서는 일치된 결론을 찾기 어렵다. Norris 등(2002)의 연구에서는 재난 시 심리적으로 가장 큰 영향을 받는 연령집단은 중년의 성인으로 나타났다. 노인은 삶의 길이만큼 많은 경험을 하였기 때문에 지금의 재난 경험에 더 큰 영향을 주기도 하지만 잘 극복하도록 하는 요인이 되기도 한다. 항공기 폭발사고 이후 노인샘플의 84%가 PTSD 진단기준에 부합했고, 51%는 PTSD와 공병하는 우울증상을 보였으나 3년 후에는 16%만 PTSD로 진단되었다(Jenike, 1995). 한편, 더 젊은 집단에서는 초기반응은 노인과 유사했지만, 우울과 PTSD가 공존하는 경우는 적은 것으로 나타났다(Livingston et al., 1994). 대만에서 발생한 지진에서 노인 생존자들은 12개월 이후 신체적 능력, 심리적 안녕감, 삶의 질이 감소했다고 보고했다(Lin et al., 2002). 홍수 8개월 후 55세 이상의 생존자들은 불안, 우울, 신체화 증상을 보고했으며, 55~64세 집단에서 가장 많이 보고되었고, 65~74세, 75세 이상 집단에서는 덜 유의하게 나타났다(Phifer, 1990). 또한, 일본의 지진발생 3주 후 모든 연령에서 수면장애, 우울, 과민, 짜증 등의 반응이 나타났으나 8주 후 노인집단은 유의한 증상의 감소가 있었던 반면, 더 젊은 집단에서는 증상을 경험하는 비율이 감소하지 않았다(Kato et al., 1996).

앞서 언급한 노화에 따른 취약성들이 노인인구의 안전을 위협하는 요인이 되어 위험성이 증가하지만 모든 노인이 그렇다고 단언할 수 없다. 따라서 재난 위기개입자는 재난 이후 노인들의 건강과 웰빙에 대한 영향을 면밀하게 평가해야 하는데 노인들의 감각기관의 손상은 다른 연령집단보다 덜 급성으로 나타나기 때문이다. 사회적인 지지도 중요하므로 지역사회 재건에 참여하게 하고 동료지지와 지지적인 집단에 참여하도록 독려하는 것이 필요하다. 그리고 노인들은 통제감과 예측가능성을 필요로 하기 때문에 일상생활을 영위하게 하고 안정감과 안전감을 제공하는 것이 중요하다. 또한 과거의 스트레스 상황에서 성공경험을 이야기함으로써 자기 효능감과 자신감을 회복할 수 있다.

Farberow 와 Frederick(1978), Myers(1990), DeWolfe(2000)는 노인들이 재난 후 공통적으로 보이는 스트레스 반응과 적절한 개입에 대해서 정리하고 있다.

① 행동적 반응

- 철수와 고립
- 집을 떠나기 꺼려함
- 상실, 상해, 건강의 문제에 대해서 충분하게 보고하기를 꺼려함
- 의료적인 도움을 구하기를 지연함

- 정부의 도움을 받기를 회피함
- 보험을 충분히 활용하지 않음
- 이동의 장애
- 재배치(이주)에 따른 적응의 어려움

② 신체적 반응

- 만성적 상태의 악화
- 신체 증상의 악화
- 전염성 질환에 대한 민감성 증가로 인한 면역 체계 약화
- 신체 기능저하 가속
- 저체온증/고열에 취약
- 신체/감각기관의 제약(특히 청각, 시각)으로 인한 상해 또는 회복의 방해

③ 정서적/인지적 반응

- 우울
- 비애
- 불신/의심
- 혼란감, 지남력 상실
- 기억 장애
- 짜증, 불안, 화
- 무관심
- 시설입소에 대한 두려움
- 익숙하지 않은 환경에 대한 불안

④ 개입

- 문제가 축소보고 되지 않도록 재난의 영향에 대해서 면밀하게 평가하기(가정방문, 반복적인 관찰, 가족면담 등)

- 강하고 지속적인 언어적 확신 심어주기
- 가능한 빨리 사회적 활동과 일상생활 활동을 재개하도록 도와주기
- 가족 및 사회적인 접촉을 재개하도록 도와주기
- 거주지 재배치에 특별한 주의를 기울이기
- 의료적인 치료와 투약을 유지하도록 돕기
- 주거, 건강, 경제적인 도움을 받을 수 있도록 지원하기
- 재난의 경험과 정서적 표현을 하도록 독려하기
- 지역사회의 회복 노력에 참여도록 권고하기
- 가정과 이웃의 재난 준비 활동에 참여하도록 하기

3) 장애인

(1) 정신질환을 가진 사람들

정신장애를 가진 사람들이 외상사건 이후에 특히 취약할 것으로 인식되지만, 실제로 재난 이후에 부정적인 영향을 받지 않을 수 있다. 재난 이후 정신장애인들이 경험하는 심리적인 어려움에 대한 연구는 매우 드물다. McMurray와 Steiner(2000)는 스트레스가 높은 생활사건은 심각한 정신질환의 재발과 관련이 있고, 이런 환자들은 사회적지지 네트워크가 부족하며, 이런 네트워크의 부족이 재난 이후 부적응의 예측요인이라고 지적하고 있다. 심각한 정신질환이 있는 사람들이 재난에 취약하지 않을 것이라는 연구에서는 재난 후 정신과 입원환자들의 증상이 증가하지 않았고, 외래치료를 받는 환자들의 입원이 증가하지 않은 것을 증거로 삼고 있다(James & Mary, 2007).

심각한 정신질환을 가진 사람들의 재난과 관련한 요구는 재난 전, 재난 동안, 재난 직후에 가장 강하게 나타나는 것으로 보이고, 구호물품과 관련되어 있다. 정신장애인의 대다수는 약으로 질환을 조절하기 때문에 예측하지 못한 재난이 필수적인 약물을 구하는 것이 어려울 경우 증상이 재발할 수 있다. 또한, 대피소의 낯설고 자극적인 환경에 잘 적응하지 못하기 때문에 이들을 잘 돌보는 것이 무엇보다 중요하다. 실제로 1998년 캐나다에서는 대피소의 혼란스러운 환경 때문에 정신장애인들이 호흡곤란을 일으켰다(McMurray

& Steiner, 2000). 약품과 마찬가지로 일상적으로 받던 치료를 받지 못하는 것 역시 정신장애인들에게는 위험요인이다.

정신장애인에 대한 연구가 적기 때문에 일반화하기는 어렵지만 지속적인 치료와 약품의 보급이 가장 중요한 과제이기 때문에 재난 경고단계에서 적절한 대비체계를 구축하는 것이 중요하다. 또한, 가능한 빨리 일상적인 생활을 영위하고 안정된 상황을 제공하는 것이 그 무엇보다 중요하다.

(2) 신체적 장애를 가진 사람들

재난 시 신체적 장애를 가진 사람들에 대한 영향을 연구한 문헌은 찾아보기 어렵지만 합리적으로 추론할 수 있는 것은 이들이 가진 여러 가지 신체적인 제약과 기능의 제한 때문에 노인들이 가지는 물리적인 위험의 증가에 동일하게 노출된다는 것이다. 장애가 있는 사람들은 재난 동안 특별한 돌봄과 도움이 필요하고 기존의 적응방식에 큰 영향을 받게 되며, 생소하고 본인에게 맞지 않는 대피소 환경에 적응하는 것이 새로운 큰 도전이 된다. 그 과정에서 우울이나 무력감 같은 심리적인 어려움이 발생하는 것은 충분히 예측 가능하다. 폭풍 경험이 있는 55세 이상 성인 근골격 장애 집단을 대상으로 한 연구에서 통제와 자율성을 상실했다고 지각하는 것이 다른 스트레스 요인에 직면했을 때, 더 취약하게 한다고 설명한다(Gignac et al., 2003). 또한 Ehreneich(2001)는 신체적 장애가 재난을 다루는 데 방해가 되고 주변화, 고립과 같은 이차적인 피해에 취약하다고 기술하고 있다.

4) 구조요원

재난현장에서 구조활동에 참여하는 소방대원, 경찰관, 구급대원들은 지속적으로 재난의 참혹한 현장에 노출된다. 최일선에서 활동하는 이들은 재난의 여파뿐만 아니라 외상성 사건에 노출될 위험이 높기 때문에 심리적인 영향을 더 많이 받는 집단이다. 미국 교외지역의 경찰관의 PTSD 유병률은 13% 정도였고(Robinson et al., 1997), 도시지역의 소방관 중 외상사건에 노출되는 경우는 85%~91%로 이들 중 PTSD 진단기준에 포함되는 사람은 15%~

31%로 나타났다(Beaton et al, 1996).

일반적으로 재난 시 초기대응 업무를 하는 집단은 직업적으로 재난 스트레스를 극복하기 위한 훈련과 태도가 갖추어졌을 것으로 기대하기 때문에 개인이 경험하는 어려움을 드러내지 않으려고 한다. 이러한 인식은 구조요원의 심리적 어려움을 가중시키는 요인 중 하나이다.

구조요원이 재난현장에서 자주 경험하는 위기상황 스트레스는 다음과 같다(Mitchell & Everly, 1996).

- 동료의 죽음
- 순직
- 심각한 업무상 재해
- 재난 또는 대량 사상사고
- 일상적인 활동에서의 부상이나 사망 또는 자신이 속한 곳에서 심각한 위협이 되는 사건
- 아동이 포함된 사건
- 친척 또는 지인이 피해자
- 상실과 관련된 장기적인 사건
- 지나치게 미디어의 관심을 받는 사건
- 기타 의미 있는 사건들

구조요원은 구조를 바라는 사람들이 있는 한 극심한 피로와 탈진상태에서 작업을 지속하기도 한다. 극단적으로 피로한 상황에서는 집중력과 판단력이 저하되어 사고의 위험이 높아지고 작업의 효율성이 저하된다. 대부분의 구조요원들은 사명감을 가지고 구조작업에 참여하지만 현실적으로 어려움과 한계에 봉착하기도 한다. 이런 경우 사명감과 현실적 한계 사이에서 갈등이 발생하고 죄책감과 무력감, 소진을 경험하게 된다.

구조요원은 처참한 광경에 고스란히 노출된다. 경우에 따라 희생자의 시신을 직접 목격하고 수습하기도 하며, 지인(동료나 가족, 이웃 주민)의 사고현장에 투입되어 외상을 경험하게 되면 심리적인 충격은 극심하다 할 수 있다. 특

히, 당시의 강렬한 시각적인 기억과 현장의 냄새나 소리가 기억에 각인되어 이후 재경험의 단서로 작용한다.

재난의 경우 지역사회 전체에 영향을 주는 경우가 많이 있는데, 이러한 경우 구조대원 자신이나 가족이 재난의 피해자가 되기도 한다. 이들은 가족을 먼저 보살피지 못하고 구조활동에 참여하게 되었을 때, 가족에 대한 죄책감과 갈등으로 심리적인 부담감이 가중된다.

구조요원들이 특징적으로 보이는 심리적 반응은 다음과 같다.

① 무력감, 죄책감

구조해야 하는 사람들은 모두 구조하지 못했거나 사망하는 현장을 지켜보면서 이들은 무력감을 느끼게 된다. 구조작업 이후에는 본인이 무엇인가를 더 했어야 했다는 죄책감도 함께 느끼게 된다.

② 동일시

과거에 비슷한 피해 경험이 있거나, 피해자가 본인이나 가족, 특히 자녀와 비슷한 또래인 경우 피해자의 감정에 동일시되어 피해자들의 감정에 동조하고 몰입하게 된다.

③ 업무 의욕 저하

만족스러운 구조활동을 하지 못한 경우 죄책감을 느끼고, 업무수행에 대한 자신감과 의욕을 상실한다. 때로는 조기퇴직을 하기도 한다.

④ 공포감

지속적으로 참혹한 장면에 노출되거나 위험한 상황에 직면하면서, 구조활동 시에 공포감과 긴장감을 경험한다. 이와 같은 극도의 공포감은 공황을 유발하기도 한다.

III
재난 위기개입

1. 재난위기 평가

갑작스럽게 발생한 재난으로 외상사건을 경험한 사람들은 예상치 못한 상황을 마주하게 되고 극심한 스트레스와 정신적 고통을 겪게 된다. 외상사건은 평소 개인이 대처할 수 있는 수준을 넘어서고 상당한 인지, 정서, 행동적 불편감을 초래하는 사건이다. 재난은 대표적인 외상사건의 예가 될 수 있다. 동일한 사건에 모든 사람이 동일하게 반응하는 것은 아니지만 사건의 심각성은 사람들의 반응에 큰 영향을 미친다.

앞에서 살펴본 것처럼, 재난위기개입의 기본적인 전제는 재난을 경험한 사람들의 반응에 대해서 병리화하지 않고, 모든 사람들이 정상적인 회복의 과정을 갖는다는 것이다. 그러나 초기에 적절한 개입이 이루어지지 않으면 만성적인 스트레스 증상과 심리적인 어려움을 보일 수 있다(Hoffman & Kruczek, 2011). 다만, 전통적인 정신건강 서비스와 달리 재난위기개입의 목적은 재난으로 인한 스트레스 반응을 줄이고 재난 이전의 기능을 회복하도록 하는 것에 맞추어져 있다. 이러한 목적에 비추어볼 때, 재난에서의 위기평가는 재난으로 인한 불편감의 정도를 대략적으로 평가하는 것이 우선되어야 하고, 증상을 없애도록 하는 것에 개입의 초점이 맞추어져야 한다. 증상이나 불편감이 지속되거나 심각한 반응들이 나타날 때 좀 더 정밀한 방식의 평가가 이루어져야 할 것이다.

효과적인 개입을 위해서 재난 위기개입자는 재난 이후에 노출된 사람들이 보일 수 있는 일반적인 반응과 심각한 양상의 반응, 아동·청소년 또는 노인과 같은 취약계층에서 나타나는 반응을 숙지하는 것이 필요하다. 또한, 심각한 반응이 이어질 때 사용할 수 있는 평가도구의 사용과 평가의 의미에 대해서 아는 것이 필요하다.

1) 정신적 상태 평가

재난을 경험한 사람들이 보이는 일반적인 반응과 취약계층이 보이는 반응은 앞선 장의 내용(Ⅱ−2, Ⅱ−3)을 참고하기 바란다. 재난을 겪은 사람들에 대해서 대략적으로 현재의 상태를 파악해야 하는데, 다음과 같은 간단한 사항을 통해 현재 정신적 상태를 파악해야 한다(Everly, 2006). SEA−3라고 부르는 이 평가 도구는 관찰에 근거한 현장평가 도구로, 대규모 재난 시에 관찰을 통해서 재난을 경험한 사람들의 상태를 비교적 수월하게 평가할 수 있고 개입의 우선순위를 정할 수 있다. 혼란스러운 재난의 현장에서 재난위기에 처한 사람들을 면밀하게 관찰하는 것이 중요하다. 또한, 위기개입자가 재난현장에서 만나는 사람들은 처음 만나기 때문에 재난을 경험한 사람들이 보이는 여러 가지 단서가 평소 행동과 얼마나 차이가 나는 수준인지를 정확히 알기 어려울 수도 있다. 이때는 가족이나 동료 등 주변인으로부터 도움을 받는 것도 필요하다. 재난 위기개입자는 이런 간단한 평가도구들을 효과적으로 사용할 수 있어야 한다.

(1) 언어적(speech) 상태 파악

위기개입자와의 대화에서 위기에 처한 사람의 언어의 양이나 질, 대화의 흐름이나 맥락, 단어의 사용 등 언어적인 능력과 상태를 파악해야 한다.

(2) 정서적(emotion) 상태 파악

현재 위기에 처한 사람이 주로 보이는 정서상태를 확인한다. 현재 지배적인 정서는 무엇이며, 보이는 정서가 현재의 상황에서 적절한지 등을 확인한다. 우울한지, 공격성이나 극심한 불안이 또는 정서가 없는 것은 아닌지를 확인하여야 한다.

(3) 외모(appearance) 상태 파악

상황과 날씨에 맞는 적절한 옷을 입었는지, 청결상태 등을 확인한다. 일반적이지 않은 신체적인 특징을 보이지는 않는지도 확인해야 하고, 기이한 행동을 보이는지 등도 상태를 확인하는 데 도움이 되는 요소이다.

(4) 각성(alertness) 상태 파악

위기에 처한 사람의 인지적 상태를 파악해야 한다. 현재 위기상태에서 사람, 장소, 시간에 대한 인식과 통찰이 되고 있는지, 기억과 지적기능을 간단히 점검해야 한다.

(5) 행동적(activity) 상태 파악

얼굴표정이나 자세, 움직임 등을 통해 재난에 대한 영향을 평가한다. 특히, 위기개입자나 가족과의 상호작용 정도나 상호작용의 원만함을 통해 현재 정도를 확인한다.

2) 위기분류 평가 체계

재난과 같은 심리적 응급상황에서 자기보고식의 지필검사를 실시하는 것은 쉬운 일이 아니다. 재난 피해자에 대한 정보를 수집하기 위해서 우선 위기에 처한 사람과의 면담을 진행한다. '위기분류 평가체계'(Triage Assessment System: Myer et al., 1991)는 위기상황과 관련한 정보를 얻을 수 있는 빠르고 효과적인 방법이다. 위기분류평가체계는 위기개입자가 정서(affective), 행동

(behavioral), 인지(cognitive) 영역의 기능을 평가하는 데 도움을 주는 평가도구이다. 위기의 심각성은 개인의 주관적인 견해와 개입자의 객관적인 견해로 평가되는데, 정서·행동·인지와 관련한 3가지 영역이 평가의 틀이 되는 것이다.

(1) 정서상태

일반적으로 위기에 처한 사람들은 정서가 고조된다. 여러 가지 반응 중에서 정서적 반응을 확인하는 것이 가장 쉬울 수 있다. 위기에 처한 사람이 비정상적이거나 손상된 정서를 갖고 있다는 것은 정서적 균형이 깨어져있다는 뜻이다. 위기 시에는 여러 부정적인 정서가 나타날 수 있으나 크게 분노, 두려움, 슬픔이 대표적이다(Crow, 1977). 위기개입자는 위기에 처한 사람이 적절하고 현실적인 방법으로 감정을 표현하여 통제감을 회복하고, 본인의 정서에 유연하고 적응적으로 대처할 수 있도록 도울 수 있다. 위기개입자는 재난을 겪은 사람이 현실적인 방법으로 감정을 표현하는지 살펴본다. 이 단계에서는 다음과 같은 질문을 할 수 있다. 정서적인 반응이 상황과 일치하는가? 다른 사람들도 이런 상황에서 비슷한 정서를 보이는가? 감정이 충동적 상태인가, 격분상태인가, 충격상태인가?

정서를 말로 표현하지 않을 수도 있기 때문에 비언어적인 행동을 잘 관찰해야 한다. 비언어적인 단서에 주의를 기울여 빠르고 정확하게 정서반응을 알아차려야 하지만 비언어적 행동은 문화, 개인, 상황에 따라 다르게 나타날 수 있다.

(2) 행동기능

외상사건에 노출되면 평소 대처기제가 실패하는 경험을 하게 되고 위기를 해결하기 위해서 새로운 시도를 하게 된다. 행동기능의 평가는 정상적인 일상 기능을 수행하는 능력이 얼마나 손상되었는지 확인하는 것이다. 위기개입에서 위기에 처한 사람을 움직일 수 있도록 하는 가장 빠른 방법은 즉시 할 수 있는 긍정적인 활동을 촉진시키는 것이다. 위기개입자는 재난의 여파에 있는 사람에게 건설적인 행동을 할 수 있도록 긍정적인 활동을 촉진하는 질문을 하는 것이 좋다. –“이전에 이와 비슷한 경우 어떻게 행동했습니까?” “지금 할 수 있는 것은 무엇입니까?” “지금 바로 만날 수 있는 사람이 있습니까? 있다면, 이 위기에서 당신을 지지할 수 있는 사람이 있습니까?” – 본인의 정서나 욕구에 대해서 즉각적이고 자율적으로 대처하지 못하는 사람들이 가지는 근본적인 문제는 통제감의 상실이다. 위기에 처한 사람이 구체적인 개입에 참여하게 된다면, 통제감이 회복되고 향상의 분위기가 형성된 긍정적인 상태의 단계이다.

행동적 반응을 평가하는 데 있어서 행동의 의도나 의미를 성급하게 해석하지 말고 행동을 통해 무엇을 얻고자 했는지 확인해야 한다. 또한, 자살이나 살해의도가 의심된다면 정확하게 확인하고 위험성이 사라질 때 까지 지속적으로 주의를 기울여야 한다.

(3) 인지상태

위기개입자는 인지적 반응이 정서적·행동적 반응에 비해 겉으로 잘 나타나지 않기 때문에 적절하게 평가하지 못하는 경우가 있다. 그러나 위기에 처한 사람들이 가지는 인지적 반응은 장기적으로 영향을 미칠 수 있기 때문에 정확하게 평가하는 것이 필요하다. 위기 시에 보이는 정서적 반응이 진정되고 행동이 일상적인 기능수준으로 회복되면 위기가 종결된 것으로 보기 쉽다. 그러나 인지적 반응은 외상사건 이후 몇 년 뒤에라도 심리적인 문제가 초래될 가능성이 있기 때문에 계속적인 주의가 필요하다(Meichenbaum & Pitzpatrick, 1993).

위기에 처한 사람의 사고패턴에 대한 평가는 여러 중요한 문제에 답을 제공한다. 위기에 대한 개인의 생각이 얼마나 현실적이고 일관성이 있는가? 위기를 악화시키는 부분적 신념을 믿고 있거나 과장하거나 합리화하고 있지는 않은가? 위기상황에 대한 신념 변화에 얼마나 개방적인가? 위기에 처한 사람의 사고 패턴에 대한 파악은 위기개입에 방향을 제시한다. 위기개입자는 위기에 처한 사람의 불합리하거나 혼돈스러운 생각이 잘못되었음을 밝히고 위기와 대안에 대한 긍정적이고 생산적인 사고패턴을 개발하도록 돕기 위해 인지평가를 사용할 수 있다.

(4) 심각성의 수준

정서·행동·인지의 세 영역에 대한 평가를 실시하고, 각 영역의 심각성 수준의 합을 통해서 현재 위기에 대한 수준을 평가할 수 있다. 각 영역에서 가장 심각한 수준을 보이는 것부터 개입을 실시해야 한다. 심각성 수준의 합은 어떻게 직접적으로 개입해야 하는지를 설명하고 있다. 각 영역의 수준의 합은 3~30까지로 나타나는데, 점수가 높을수록, 전반적인 반응이 더욱 심각한 것을 뜻한다. 심각성 수준을 크게 세 가지로 구분하는데 3~12는 간접적 접근, 13~22는 협력적 접근, 23~30은 직접적 접근으로 구분한다(James & Gilliland. 2001). 간접적 접근은 'you' 접근법이라고 명명하고 다음과 같은 질문을 할 수 있다. 당신은 위기를 해결하기 위해서 무엇을 하고 있나요? 이 개입과정은 개인상담과 유사한 형태를 가진다. 협력적 접근법은 'we' 접근법이라고 명명하여 위기개입자는 위기에 처한 사람과 팀을 이루어 문제를 해결한다. 문제해결에 단서가 될 수 있는 아이디어를 제공하고, 위기에 처한 사람이 스스로 자신의 방식을 만들어 갈 수 있도록 돕는 것이다. 이들에게는 위기를 해결할 수 있는 단초가 되어줄 '마중물'이 필요한 것이다. 직접적 접근법은 'I' 접근법이라고 명명한다. 위기개입자는 '나는 당신이 이렇게 하면 좋겠어요.'와 같이 이야기할 수 있을 것이다. 이 수준에서 위기에 처한 사람의 위기반응을 경험한다면, 이들은 위기개입자의 요청을 손쉽게 받아들이고 따라하게 될 것이다. 중요한 것은 어떤 영역에서든지 8단계 이상의 극심한 손상을 보인다면, 위기개입자는 이들을 도와줄 또 다른 도움을 요청해야 한다.

2. 재난위기개입자의 태도

심리적 응급처치(Psychological First Aid: PFA)는 상담실에서 진행되는 심리치료가 아니기 때문에 보다 적극적이며 지지적인 태도로 재난 피해자들을 만나야 한다. 현재 피해자들이 보이는 반응의 대부분이 정상적이고 자연스러운 반응임을 이해하고 병리화하거나 환자로 취급하는 것은 삼가야 한다. 재난이나 외상사건에 노출된 모든 사람들이 심리적 응급처치를 필요로 하는 것은 아니다. 서비스 제공을 원치 않는 사람의 의견을 존중하고 배려하며, 언제든지 원할 때는 도움을 받을 수 있도록 해야 한다.

1) 심리적 응급처치의 태도

(1) 침착하기

정서적 외상을 다루는 데 있어 정서적인 거리를 두지 않으면서도 침착하게 함께 있어주는 것은 재난위기개입의 기초이다. 재난 이후 피해자들은 고조된 각성상태를 보이게 되는데, 개입자의 침착한 태도는 각성수준을 낮추는 데 도움이 된다. 재난위기개입자는 재난피해자들이 자신의 외상경험을 극복하거나 조절할 수 있도록 안정된 상태를 유지할 필요가 있으며, 피해자나 스트레스 상황 때문에 스스로 침착함을 잃어버리지 않는 것이 중요하다(Weaver, 1995).

(2) 따뜻함 제공하기

칼 로져스(Carl Rogers)는 상담에서 가장 중요한 무조건적·긍정적 존중과 내담자를 가치 있게 여기고 따뜻한 수용을 제공하는 것이라고 정의했다. 재난위기개입에서는 다른 환경과 달리 재난의 피해자에게 연민과 따뜻함을 보여주는 것이 적절하다. Weaver(1995)는 포옹과 같은 신체적 접촉이 어떤 재난상황에서는 적절할 수 있다고 언급했다. 재난처럼 극심한 각성상태에서는 어깨에 손을 얹는 것이 안정시키는데 도움이 될 수 있으며, 한 번의 터치가 따뜻함과 공감을 전달하는 더욱 효과적인 방법이 되기도 한다. 다만, 모든 경우에 해당하는 것은 아니고, 어떤 피해자는 신체접촉에 부정적으로 반응할 수 도 있다.

(3) 인정과 승인 제공하기

재난이 피해자들에게는 그들이 경험한 외상에 대한 인정과 타당화가 필요하다. 사실상 재난 정신건강에 대한 첫 번째 문헌이라 할 수 있는 'When disaster strikes'에서 Raphael(1986)은 다음과 같이 기술하고 있다. "재난에 영향을 받은 사람과 공동체를 위한 심리사회적 돌봄에서 가장 중요한 것은, 그들이 재난으로부터 고통을 받았다는 것을 말이나 행동으로 인정해주는 것이다." 재난으로 충격을 받은 사람들이 자신의 정서적 강도를 인식하는 것이 필요하지만 이들의 고통이 타당화 될 필요도 있다. 인정과 타당화는 사람들이 일반적으로 재난의 충격에 노출된 후에 겪는 스트레스 반응을 정상화하는 데 도움을 준다.

2) 재난 위기개입자의 자기돌봄

재난현장에서 일하는 것은 신체·징서직인 스드레스를 유발하는 일이다. 반복되는 업무와 긴 근무시간, 무거운 책임감, 불명확한 직무, 의사소통의 부재 등은 스트레스를 가중시키는 요인이다. 재난현장은 참혹한 광경에 노출될 가능성을 높이고 안전을 해치는 위험요인도 잠재하고 있으며, 다른 사람의 고통과 괴로움을 계속 듣게 되고 잔인한 일을 목격하거나 직접 경험하기도 한다. 다른 사람들에게 효과적인 도움을 제공하기 위해서는 위기개입자 자신이 먼저 건강한 상태를 유지하는 것이 필요하다.

또한, 재난현장에서 활동하기 전이라면, 스스로 활동에 준비가 되어있는지 점검해봐야 한다. 재난상황과 지원활동에 대한 충분한 이해가 없다면 현장에서 큰 혼란을 경험할 수 있다. 재난위기개입 활동 중 스트레스 반응이 나타나면 일반적인 반응인지, 극심한 반응인지 스스로 구별할 수 있어야 한다.

피해자들의 이야기를 계속 들으면서 공감피로가 유발될 수 있으며, 간접적으로 경험한 트라우마 때문에 외상의 재경험이나 우울감, 무력감을 경험할 수도 있다.

술이나 담배, 카페인의 섭취는 피하고, 처방받지 않는 약은 피해야 한다. 잠시라도 휴식을 취하고 긴장감을 풀어야 하고, 근무시간 조정 등을 통해 체력을 안배해야 한다. 피해자들의 모든 문제를 해결해 줄 수 없다는 것을 인식하고 자책하거나 죄책감에 빠지기 보다는 피해자 스스로 위기상황에 대처할 수 있도록 돕는 것이 자신의 역할임을 기억해야 한다. 친구나 동료들과 대화를 하며 도움을 받고 적절한 운동을 지속하는 것이 필요하다.

3. 심리적 응급처치

심리적 응급처치(Psychological first Aid: PFA)는 급성의 스트레스 사건을 경험한 사람들에게 제공되는 인도적이고 지지적이며 실제적인 도움을 말한다. 재난대응 전반에 걸쳐 사용될 수 있지만, 일반적으로 재난 직후 사용되는 초기개입으로 간주된다(Litz, 2004; NIMH, 2002; Watson, 2004). IASC(2007)에서는 심리적 응급처치란 고통에 처해 도움이 필요한 사람들에게 인도적인 도움을 주는 행위라고 설명한다. 심리적 응급처치의 시작에 대해서는 여러 가지 논의가 있지만, 1954년 미국의학회지에 실린 '지역사회 재난에서의 심리적 응급처치'라는 제목의 논문이 공식적인 처음의 논의라고 할 수 있다(Mitchell & Evelry, 2008).

이 논문에서는 3가지 중요한 점을 기술하고 있다.

- PFA의 구성요소는 재난 이후의 일반적인(그리고 일반적이지 않은) 반응을 알아차리는 능력으로 이루어져 있다.
- PFA의 구성요소는 대처의 원칙으로 이루어져 있다.

– 정신건강전문가뿐만 아니라 모든 재난 요원들에게 훈련되어야 한다.

심리적 응급처치의 이론적 토대는 칼 로져스와 매슬로우에서 찾을 수 있다. 로져스는 비지시적, 내담자중심 또는 인간중심적 접근을 지향한다. 무조건적 긍정적 존중과 공감, 진실성을 강조하였다. 로져스의 접근에서 치료적 요인의 핵심은 개입자의 태도이다. 이러한 관점에 근거한다면, 돌봄의 맥락은 내담자가 성장하고 변화할 수 있는 기초를 마련하는 것이다.

매슬로우는 인간이 가지는 욕구의 위계를 설명하고 있는데, 기본적인 욕구는 복잡한 욕구보다 우위에 있다. 재난의 위험에 처해 있다면 자신의 가치보다는 생존과 신체적인 욕구가 더 우선 될 것이다. 재난정신건강에서는 매슬로우의 욕구위계에서 신체적 문제와 안전의 문제를 우선적으로 다룬다. 국립정신보건원(NIMH, 2002)에서도 초기 정신건강 평가와 개입은 욕구의 위계에 따라야 한다고 기술하고 있다. 재난 위기개입자는 재난위기에 처한 사람들의 기본적인 필요(물, 음식, 쉼터)를 지원하는 것에 초점을 맞추고 다음의 욕구들을 돌보는 것이 무엇보다 중요하다.

국립외상후스트레스장애센터(National center for PTSD)와 국가아동외상성스트레스네트워크(National Child Traumatic Stress Network)가 함께 지침서를 개발하였고, WHO도 PFA 지침서를 만들어 다양한 현장에서 활용하고 있다. 그 외에도 미보훈부(United States Department of Veterans), 국제적십자사–적신월사연맹(International Federation of Red Cross and Red Crescent Societies), 미국심리학회(American Psychological Association) 등에서 PFA 지침서를 발간하여 다양한 현장에서 사용하고 있다. 본 장에서는 WHO와 NCSN의 심리적 응급처치의 모델을 주로 살펴보고자 한다.

1) 심리적 응급처치(NCTSN, 2006)

NCTSN의 심리적 응급처치는 총 8단계의 핵심활동으로 구성되어 있다.

(1) 접촉과 관계형성(contact and engagement)

첫 번째 단계는 생존자와 접촉을 시작하는 것을 목표로 한다. 재난상황, 이용 가능한 서비스와 지원, 안전여부 등 기본적인 내용을 재난을 관리하는 기관을 통해 공유하고 개별적으로 접촉한다. 첫 접촉 시에는 제공받은 정보와 실제 현장과 차이가 있을 수 있기 때문에 주변상황을 주의 깊게 살펴야 한다. 최초 접촉 단계에서는 자신의 이름, 소속, 역할, 방문목적 등을 분명하게 밝혀야 한다. 두 사람이 편하게 대화를 할 수 있는 물리적인 공간으로 이동하는 것도 필요하겠지만 실제 재난현장에서는 어려울 수도 있다. 가능한 비밀이 보장될 수 있는 안전한 공간을 확보하고, 당장 필요한 문제나 즉각적인 조치가 필요한 의학적인 상태를 확인한다. 첫 만남에서 비밀보장의 원칙을 정확하게 설명하는 것도 필요하다.

(2) 안전과 편안함(safety and comfort)

이 단계의 목표는 가능한 빨리 지속가능한 안정감을 유도하고 신체·정서적인 편안함을 제공하는 것이다. 매슬로우의 욕구단계에서 기본적인 욕구와 안전에 대한 욕구를 충족시킬 수 있는 활동이 이루어진다. 신체적인 안전을 확보하고 현재 재난상황에 대한 정확한 정보를 제공하며 일반적으로 보이는 스트레스 반응과 예상되는 반응에 대한 가이드를 전달하는 것이 필요하다. 가족과 떨어진 사람들이 있다면 가족과 만날 수 있도록 정보를 제공하는 것이 필요하다. 특히, 외상을 떠올릴 만한 소리나 냄새와 같은 자극이 있다면 불필요한 노출을 막아주는 것도 이 단계에서 해야 하는 활동이다.

(3) 안정화(stabilization)

안정화는 감정적으로 압도되고 혼란스러운 사람들에게 심리적인 진정과 안정을 유도하는 과정이다. 안정화 작업을 위해서는 기본적으로 재난 이후 보이는 반응에 대한 이해가 필요하고 재난을 겪은 사람들의 반응을 잘 관찰해야 한다. 각성수준이 매우 높거나 낮은 사람들에게 각성수준을 조절할 수 있는 간단한 안정화 기법들이 도움이 될 수 있다. 심호흡이나, 개입자의 말에 귀를 기울이면서 신체 감각에 주의를 기울이게 하는 안정화, 안전지대를 상상하는 등의 기법들이 유용하다.

(4) 정보수집(information gathering)

개인에게 필요한 구체적인 요구와 현재의 어려움을 정확하게 파악하기 위해서 재난을 경험한 사람들의 이야기를 충분히 듣고 정보를 수집한다. 많은 시간을 소요하기 어렵다면 즉각적으로 의뢰가 필요한 문제, 전문적인 지원이 필요한 문제 등을 중심으로 정보를 확인하는 것이 필요하다.

다음의 목록은 지난 피해자의 안정과 지원을 위해서 유용한 정보 목록이다.

- 재난 과정에서 경험한 일의 내용과 심각성
- 가족과 지인의 사망
- 재난 이후 지속되는 위협에 대한 걱정
- 가족과 지인이 안전에 대한 걱정
- 신체적 질병, 정신건강 상태 및 약물치료의 필요성
- 집, 학교, 재산, 사업, 애완동물의 손실
- 과도한 죄책감과 수치심
- 자해 및 타해에 대한 생각
- 사회적 지지(가족 친구 등)의 이용가능 정도

(5) 실질적인 도움(practical assistance)

재난의 피해자가 필요로 하는 문제를 실질적으로 돕는 과정이 PFA의 핵심 중 하나이다.

실질적인 문제해결 지원방법은 다음의 네 가지 절차로 이루어진다.

① 가장 시급한 과제 파악 : 즉시 해결 가능한 문제와 어려운 문제를 나

누고, 즉시 해결하기 어려운 문제는 단계적으로 풀도록 함

② 문제와 욕구의 명료화 : 문제와 욕구가 현실적이고 분명해지면, 해결의 과정이 수월해짐

③ 행동계획 수립 : 문제와 욕구를 해결하기 위한 가능한 방법을 논의하고 가용한 자원과 절차를 설명함

④ 문제와 욕구를 해결하기 위해 행동 : 재난 피해자가 능동적으로 행동할 수 있도록 돕기

(6) 사회적 지지와 연결(connection with social support)

가족, 친구, 지역사회의 지원 등 필요한 자원과의 연계는 재난 피해자가 정서적으로 안정을 찾고, 일상을 회복하는 데 매우 중요한 과정이다. 가족이나 가까운 지인과 만나거나 연락을 할 수 있게 해주며, 사회적 지지체계에서 벗어난 다른 피해자에게 가용한 지지체계를 활용할 수 있도록 돕는다.

(7) 대처기술 제공(information on coping)

적응적인 기능을 회복하고, 심리적인 어려움을 경감하기 위해서 스트레스 반응에 대한 정보를 제공하고 대처방법을 교육한다. 스트레스 반응에 대한 기본적인 지식을 제공하고, 일반적으로 보이는 반응과 간단한 대처기술을 알려준다. 평소 효과적인 대처가 있다면 논의하고 지속할 수 있도록 하며, 적응적인 대처 방법과 회복을 위한 간단한 가이드라인을 전달하는 것도 도움이 될 수 있다.

(8) 협력기관과 연계(linkage with collaborative services)

현재 추가적으로 필요한 서비스가 있다면 연결한다. 추후에 필요로 하는 서비스 목록에 대해서 소개하고 어떤 도움을 받을 수 있는지 정보를 제공하는 것도 필요하다.

다음과 같은 상황에서는 추가적인 도움과 서비스 연계가 이루어져야 한다.

- 급성의 의료적 문제가 있을 때
- 급성의 정신건강 문제가 있을 때
- 기존의 신체·정신적 건강문제가 악화될 때
- 자해, 타해의 위협 및 우려가 있을 때
- 알코올 및 약물 사용의 문제가 있을 때
- 가정폭력, 아동 및 노인학대, 유기 등이 있을 때
- 4주 이상 지난 상황에도 지속적으로 어려움을 호소할 때
- 본인이 의뢰를 요구할 때

2) 심리적 응급처치 - WHO(2011)

WHO의 심리적 응급처치 원칙은 매우 간단하다. 보라(Look), 들으라(Listen), 연결하라(Link)의 3L 원칙이다.

(1) 준비하라

심리적 응급처치의 3단계에 앞서 준비하고 상황을 파악하는 단계가 있다. 이 단계에서는 재난/위기 현장에 도착하기 전에 중요한 몇 가지 사항을 파악하는 단계이다.

첫 번째, 위기상황에 대해서 확인해야 하는데 이떤 일이 일이났고, 언제 어디서 일어났는지, 피해대상과 규모는 어떠한지 사전에 확인해야 한다.

두 번째, 이용 가능한 서비스와 지원을 확인해야 한다. 피해자들이 기본적인 서비스를 받을 수 있는 장소와 방법은 무엇인지, 식량, 식수, 의료지원 등이 지원되는 곳이 어디인지 등을 확인해야 한다.

세 번째, 안전과 보안문제이다. 위기상황이 종료되었는지, 지속되고 있는지. 현지에 위험한 요소는 없는지 확인해야 하는데, 만약 안전히 충분히 확보되지 않는다면 개입하지 않는 것이 더 효과적이다. 이런 사항을 확인하고 점검하는 것은 효과적인 심리적 응급처치뿐만 아니라 도움을 제공하는 사람들의 안전에도 도움이 된다.

(2) 보라(Look)

재난현장에 도착하면 가장먼저 해야 하는 것은 잠깐이라도 멈추어 주변 상황을 보는 것이다. 재난현장은 빠르게 변화하기 때문에 출발 전에 파악했던 것과 실제현장이 다를 수도 있다.

첫 번째 반드시 점검해야 하는 것은 안전이다. 주변에 파손된 건물이나 화재 등 위험한 요소가 있는지 확인해야 하며, 자신과 다른 사람에게 피해를 주지 않고 현장에 있을 수 있는지 확인해야 한다.

두 번째 점검해야 하는 것은 긴급하게 도움이 필요한 사람들이다. 심각한 부상을 당했거나 의료적인 도움이 필요한 사람이 있는지, 기본적인 지원이나 보호가 필요한 사람이 있는지 봐야하는데 특히, 취약계층이라고 구분될 수 있는 사람들은 특별한 관심이 필요하다. 양육자와 떨어진 아동은 학대와 착취의 대상이 될 수 있고, 장애인들은 이동의 문제, 여성은 기본적인 안전확보를 위해 특별한 보호가 필요하다.

세 번째 점검해야 하는 것은 심각하게 고통스러운 반응을 보이는 사람들이 있는지를 보는 것이다. 일반적인 재난의 반응에서 벗어나 극심한 고통이나 반응을 보이는 사람들을 확인해야 한다. 극단적인 분노를 표출하는 사람, 혼자 움직일 수 없는 사람, 쇼크 상태인 사람 등 심각한 반응을 보이는 사람들을 잘 살펴보고 도움을 제공해야 한다.

(3) 들어라(Listen)

보라(Listen)의 과정을 통해서 도움이 필요한 사람들이 확인이 되었으면, 그들에게 다가가서 현재 필요한 것과 걱정에 대해서 물어보고 피해자들의 이야기를 잘 들어야 한다. 이런 과정은 재난의 피해자들이 평정을 되찾고 유지하는 데 도움이 될 수 있다.

첫 번째, 도움이 필요한 사람에게 다가가야 한다. 이들에게 다가갈 때는 정중한 자세로 접근하고 본인의 소속과 이름을 밝힌다. 두 사람이 이야기할 수 있는 안전하고 조용한 장소로 이동을 하고 현재 당장 필요로 하는 욕구(물,

음식, 쉼터 등)가 충족되었는지 확인한다.

두 번째, 피해자들이 현재 필요로 하는 것과 걱정하는 것에 대해서 물어본다. 이들에게 필요한 것이 무엇인지 명백한 상황이라도 질문하고, 시급하게 필요한 것들이 무엇인지 확인하고 우선순위를 정할 수 있도록 도와야 한다.

세 번째, 재난 피해자들의 이야기를 잘 들어주어 그들의 평정심을 찾도록 도와야 한다. 피해자들과 가까운 곳에 머무르고, 이야기할 수 있도록 하되 강요해서는 안 된다. 피해자들이 이야기한다면 적극적으로 경청하는 자세가 필요하다.

(4) 연결하라(Link)

마지막 단계에서는 피해자들에게 필요와 회복을 위한 자원들을 연결한다.

첫 번째, 시급하게 필요한 것들을 지원하고 서비스를 받을 수 있도록 도움을 제공한다. 아마도 피해자들은 물, 식량, 쉼터, 등 기본적인 필요, 치료를 위한 의료지원 등을 필요로 할 것이다. 피해자들이 지원을 받을 수 있는 곳에서 도움을 받을 수 있도록 연결하되 취약하거나 소외된 사람들이 지원에서 제외되지 않도록 주의를 기울여야 한다.

두 번째, 개인이 가지고 있는 자원을 발견하는 것이다. 현재의 위기상황에 잘 대처할 수 있도록 돕는 것이 필요하다. 즉, 긍정적인 대처방법을 많이 사용하고 부정적인 대처를 하지 않도록 하는 것이다. 개인이 가지고 있는 자원을 최대한 활용하고 이전의 대처방법들을 찾도록 격려해야 한다.

세 번째, 정보를 제공하는 것이다. 위기에 처한 사람들은 정확한 정보를 원한다. 정확한 정보가 전달되는 것만으로도 피해자들이 가지고 있는 불안을 경감하는 데 도움이 된다. 현재 위기상황에 대한 경과와 피해상황, 피해자들의 권리나 서비스와 필요한 것을 지원받을 수 있는 방법을 제공해야 한다. 위기개입자가 정확한 정보를 모르는 경우에 안심시키기 위해서 허위정보를 만드는 것은 위험하다. 제공하는 정보의 출처와 신뢰도에 대해서 설명하고 알고 있는 내용만 이야기해야 한다.

네 번째, 사회적 지원과 연결하는 것이다. 위기상황 이후 충분한 사회적 지원은 회복에 큰 도움이 된다. 가족을 만나거나 친구, 동료, 사랑하는 사람과 연락하도록 돕는 것은 중요하다. 가족이 떨어지지 않도록 돕거나 여러 사회적인 지원체계와 많은 연결고리를 갖도록 하는 것이 필요하다. 종교지도자도 좋은 사회적 지원체계로 기능할 수 있다.

3) 심리적 응급처치의 제공자

심리적 응급처치를 누가 잘 제공해야 하는지를 설명하는 연구는 없다. Litz와 Gray(2004)는 정신건강전문가가 심리적 응급처치를 제공하기에 가장 좋다고 주장한다. 재난의 피해자들의 가족이나 친구가 재난의 충격에 빠져 있으면 피해자들에게 지지체계로 기능하기 어려울 수 있기 때문이다. 재난의 피해자 역시, 심한 충격으로 자연적인 지지체계를 찾거나 접촉하는 것이 어렵기 때문이다. 정신건강전문가는 심리적 응급처치뿐만 아니라 회복에 대한 정보와 교육을 제공할 수도 있으며, 개입에서 해야 하는 것과 하지 말아야 하는 것을 분명히 알고 있기 때문에 개입의 부정적인 영향을 최소화할 수도 있고, 원스톱으로 심도 있는 심리적인 문제까지 다룰 수 있다. 그러나 정신건강전문가의 숫자가 제한적이기 때문에 한 번에 다수의 피해자에게 도움을 제공하는 것이 어려울 수 있다.

반면, 초기개입은 정서적이고 실제적인 지지를 제공하는 것이기 때문에 지역사회 봉사자나 성직자, 의료인, 구조요원 등 준전문가에 의해서도 제공될 수 있다(NIMH, 2002). 특히, 구조요원이나 자원봉사자들은 재난의 일선에서 재난피해자들을 가장 먼저 대면하기 때문에 효과적인 도움을 제공할 수 있다. 또한 심리적 응급처치는 지역사회 기반의 문화적으로 민감한 개입이 되어야 하기 때문에 지역사회 내의 훈련된 구성원에 의해서 운영되어야 한다는 주장도 있다(Jacobs, 2003). 지역사회 구성원에게 심리적 응급처치를 가르치면 지역사회가 재난에 더 잘 준비할 수 있기 때문에 주민들의 스트레스가 감소할 수 있다고 가정한다. 또한, 저비용으로 쉽게 지속가능하고 문화적으로 적절한 전략을 제공할 수 있으며 지역사회 기여와 시민참여를 확대할 수 있다고 보았다.

미국 적십자사는 모든 구조요원에게 심리적 응급처치 교육을 실시하고 모든 직원과 자원봉사자가 기본적인 심리적 지원을 제공하도록 하고 있으며(ARC, 2002), 심리적 응급처치를 기초로 한 개입이 충분하지 않을 때 정신건강전문가를 배치한다.

사람에 대한 모든 개입은 부작용의 위험을 잠재적으로 내포하기 때문에 재난심리지원의 핵심은 서비스 제공자들이 충분히 훈련받아서 부주의하게 해를 끼치는 위험을 낮추고 지속적인 교육을 통해 개입의 능력을 유지, 향상하도록 하는 것이다.

4. SAFER-R Model

SAFER－R 모델은 심리적 응급처치에 기반을 두고 만들어 진 매우 구조화된 개입이다. 이 모델은 공권력을 사용하는 사람들(law enforcement personnel)이 외상사건 이후에 사용할 수 있도록 Everly(1996)가 처음으로 만들었다. 이후 위기에 처한 이들에게 적용하도록 확대되었고, 현재 위기개입 훈련에 가장 광범위하게 사용되고 있다.

SAFER－R모델은 다음과 같은 구조를 가진다.

- **S (상황 안정화하기)**
  - 기본 욕구를 충족, 급성 스트레스를 완화하기
- **A (위기 인정하기)**
  - 위기에 처한 사람이 자신의 이야기 할 수 있도록 허용, 적극적 경청기술 적절하게 사용하기

• **F (이해 촉진하기)**
– 힘겨운 감정을 쏟아낼 수 있도록 격려, 위기반응 정상화하기

• **E (적응적 대처기술 장려하기)**
– 대처 전략을 교육, 지침 제공, 개인의 회복탄력성(resilience) 다시 알려주기

• **R (독립적 기능 회복, 의뢰하기)**
– 전문적인 의뢰를 제공하기 위한 자원을 확보, 지속적인 관리(치료 혹은 돌봄)가 가능하도록 도모, 희망 심어주기

1) 상황 안정화하기(Stabilize the Situation)

SAFER–R 프로토콜의 첫 단계에서 위기개입자는 상황에 대한 안정화 작업을 진행해야 한다. 위기개입자는 자기소개를 시작으로 앞으로 제공되는 것에 대한 내용과 본인의 역할을 설명하고, 진행되는 동안 권고되어야 하는 비밀보장 등의 제한점들을 설명해야 한다. 멍하거나 반응을 보이지 않는 사람에 대해 개입할 때 기억해야 하는 것은 의료적인 지원이 가능하도록 해야 하는 것이다.

위기개입자는 위기에 처한 사람의 직접적인 환경의 영향력을 평가할 수 있어야 한다. 또한, 위기개입자는 위기를 유발하고 지속시키는 자극적인 스트레스요인(사람 혹은 그 무엇)으로부터 위기에 처한 이들을 분리시켜주고, 가능하거나 제공할 수 있는 경우 Maslow의 욕구단계에 기반하여 기본적인 욕구(음식, 식수, 쉼터, 옷 등)를 충족시켜야 한다. 이는 어떤 지원을 제공할 것인지를 물어보거나, 옷, 쉼터 등 각자에게 무엇이 필요한지를 관찰하여 적절하게 지급하는 것으로 이뤄질 수 있다. 다음은 첫 번째 단계에서 사용 할 수 있는 질문의 예시이다.

• "굉장히 힘들어 보이시네요. 제가 도와드릴까요?"
• "제가 제공해드릴 수 있는 것 중에 지금 필요한 게 있으신가요?"

- "지금 필요한 것이 무엇인가요?"
- "힘든 시간을 보내고 계신 것 같네요. 제가 어떤 지원을 해드리면 좋을까요?"

추가로 위기개입자는 급성위기를 초래하는 원인으로부터 심리적 거리를 가질 수 있도록 산책을 하거나, 음료를 제공하거나, 주의를 돌릴 수 있는 다른 개입을 제공해야 한다. 이는 위기개입자가 상황을 안정화하고 위기상황에서 다음 단계의 개입을 준비할 수 있도록 해준다.

2) 위기 인정하기(Acknowledge the Crisis)

SAFER－R 개입의 두 번째 단계는 재난위기 그 자체를 인식하는 것으로 위기개입자는 의사소통 기술을 적절하게 활용하여 촉진할 수 있어야 한다.

이 단계에서는 위기에 처한 사람들의 이야기를 물어볼 수 있어야 한다. 여기에서 할 수 있는 이야기는 크게 두 가지로 구분되는데, 한 가지는 사건에 대한 기본적인 기술이고, 또 다른 한 가지는 사건에 대한 개인의 반응이다. 이를 촉진하기 위해서 위기개입자는 침착하고 예의를 갖추며 사건으로 인한 이들의 현재 경험과 위기반응을 물어보고 탐색해야 한다. 피해자들의 핵심 단어들은 어쩌면 당연하게도 첫 번째 SAFER－R 단계에서의 반응에 따라 드러나기도 한다. 그러나 위기개입자는 "무슨 일이 벌어졌는지 말씀해 주시겠어요? 혹은 "사건에 대해서 얘기해주시겠어요?"와 같은 보편적인 질문을 해야 한다.

위기에 처한 사람들에게 상황에 대한 구체적인 질문을 하지 않는 것이 중요한데, 특히 이들이 경험한 고통에 대한 묘사를 요청하는 경우, 위기개입으로서 사건에 대한 통찰을 제공하거나 위기반응에 대한 원인을 찾는 등의 기대되는 희망보다는 재－외상(re－traumatizing)으로서의 고통이 증가되기 때문이다.

이야기를 되풀이하는 경우 감정을 통제하거나 혹은 고통에 수반되어 고조됨으로 감정의 변화가 나타날 때 위기개입자는 주제를 바꾸거나 상황을 안정화하기 위한 작업을 진행하는 것으로 주의를 돌릴 수 있어야 한다. 이 경우 대부분의 급성 공황증상은 강박적인 생각으로 나타나기도 한다.

위기에 처한 사람의 이야기를 듣고 난 후, 위기에 처한 사람의 심리적, 신체적인 기능의 현재 상태를 물어보아야 한다. 즉, 자극과 반응의 매커니즘에서 현재 반응을 물어보고 탐색하는 것이다.

위기개입자는 다음과 같은 간단한 질문을 전달할 수 있다.

- "지금 어떠신가요?"
- "불편한 점이 있나요?"
- "사건으로 인해 생긴 반응이 있나요?"
- "경험하고 있는 것을 이야기해주시겠어요."

이와 같은 질문은 위기에 처한 사람들이 심적 정화(cathartic ventilation)를 경험하게 하지만 더 구체적이고 안전한 방법으로서 진행되는 것이다. 여기서 중요한 것은 위기개입자가 위기에 처한 사람의 경험과 반응의 맥락을 이해하고 심각성 정도를 평가할 수 있어야 한다. 이는 위기에 처한 사람들이 SAFER－R 모델의 세 번째 단계인 '이해 촉진하기'를 준비할 수 있게 해준다.

3) 이해 촉진하기(Facilitate Understanding)

SAFER－R 모델의 3번째 단계는 이해 촉진하기이다. 이전 단계에서 위기에 처한 사람들이 자신의 정서를 표현할 수 있도록 격려했다면, 본 단계는 인지·심리적으로 인식하도록 돕고, 가능한 경우 안정을 취할 수 있는 자원을 제공한다. 위기에 처한 사람들이 궁금해 할 수 있는 내용을 전달하고 '정상화'에 대한 의미와 방법 등을 전달하는 것이 이 단계의 개입에서 이루어져야 하는 핵심적인 과정이다.

위기개입자는 위기 중에 있는 사람이 이야기할 때 드러나는 정보를 통해 적극적으로 대응하여 변화를 촉진할 수 있어야 한다. 위기에 처한 사람이 경험하게 되는 위기로 인한 반응이 무엇인지 살펴보게 하거나, 엄청난 스트레스 사건이나 비정상적인 위협상황에서 예측할 수 있는 그들의 반응을 인식하도록 해야 한다. 이를 통해 자신의 취약점이나 약점으로 인해 반응이 나타나고 있다는 잘못된 인식을 수정해주어야 한다. 특정한 반응이 나타나거나 경증 또는 중증의 심각성을 보이는 것에 대해서도 수용할 수 있어야 한다.

반응을 최소화할 수 없는 경우, 다음과 같은 내용을 전달하여 신속하게 주의를 기울일 수 있도록 해야 한다.

- "지금까지의 경험에 대해서 삼가 위로의 말을 전합니다. 솔직하게 이야기해주셔서 감사합니다. 요청 주셨던 것과 같이 지금 저의 생각으로써 피드백을 드리고자 합니다…."
- "매우 끔찍한 고통에 대해서 위로의 말씀을 전합니다. 그러나 말씀해주신 상황을 고려해볼 때, 비정상적인 것이 아니라는 것을 아시면 좋겠습니다. 당신의 반응은 사람에게 있어 정상적인 반응이지만, 그것을 받아들이지 못할 만큼 상당한 고통 중에 있었음을 이해합니다."

위기개입자는 피해자에게 나타나는 증상이 정상적인 반응이며 본질적으로 비악성의 반응임을 수용해주는 모습을 보여야 한다. 반응이 매우 비정상적이거나 악성인 경우에는 적절한 설명, 우려 표명하기, 혹은 의료적 지원을 제공받을 수 있도록 도와야 한다.

- "당신이 말해준 것들 대부분은 예상되는 내용이었지만, 일부 면밀하게 주의를 기울여야 할 것들이 있습니다. 제 생각에는 당신이 어떤 행동을 취하는 게 좋을지 그리고 어떤 것이 가장 도움이 될지 서로 의견을 나눴으면 합니다."

SAFER-R 모델의 3번째 단계를 완료한다면 그들에게 위기개입의 여러 가지 의미에서 도움이 되었을 수 있다. 기본적으로는 의료 서비스를 포함한 기본적인 필요, 심적정화(catharsis/ventilation), 정상화, 이해와 탐색 그리고 안심시키는 말과 행동을 제공 받았을 것이다. 위기에 대한 이해 촉진 이후에 위기개입자는 적응적으로 대처할 수 있도록 격려해야 한다.

4) 적응적 대처기술 장려하기(Encourage Adaptive Coping)

SAFER－R 모델의 적응적 대처기술 장려하기는 전 과정에서 개입자의 일반적인 행동을 포함한다. 위기개입자가 사용하는 기술을 이해하기 위해서 위기삼각형(crisis triad)을 통해 위기 상황에서의 행동이나 정서에 대한 경험을 이해할 수 있어야 한다. 위기삼각형은 아래에 제시되었고, 미래 방향성/희망의 상실, 충격, 인지적 수용과 문제 해결의 불능('지나친 단순화'(dumbing down)) 등으로 요약된다.

위기삼각형에 대한 우려를 해결하고 적응적 대처 기술을 격려하기 위한 가장 직접적인 개입은 위기개입 삼각형(crisis intervention triad)을 사용하는 것이다. 이는 피해자에게 의료적인 안정감을 제공하는 것과 같이 사용된다.

위기개입 삼각형은 다음 그림에 제시되었다.

개입은 위기에 처한 사람들이 가장 직접적으로 영향을 받는 증상의 반대편에 제시되어 있다.

(1) 후회하거나 손상을 줄 수 있는 행동 지연시키기
(2) 위기개입자는 사건에 대한 심각한 영향이 왜 나타나는지 이전 단계에서 설명한 내용 전달하기(때때로 모든 사람들은 그들의 반응이 '왜' 나타나는지 알고 싶어 한다.)
(3) 현재의 사건을 이해하고 위기에 처한 사람이 긍정적이거나 미래에 대한 지향을 갖도록 북돋우기

위기개입에 있어 추가적으로 활용 가능한 메커니즘은 다음과 같다.

(4) 위기에 처한 사람의 행동에 대한 결과로서 위기를 줄일 수 있는 통찰 심어주기
(5) 위기개입자는 특정 부분의 정서적 표현에 대한 추가적인 표출

(ventilation)을 격려하기

(6) 갈등 해소

(7) 가능한 경우 덜 부정적인 관점부터 사건에 대한 관점을 인지적으로 재구조화해주기(사건으로 어떤 이익 혹은 기회가 존재하는가?)

(8) 자기효능감을 장려하거나, 위기 상황 시 접근할 수 있는 전문적인 기관을 상기하고 미래에 대한 희망 높여주기

(9) 과정을 알 수 있는 안내서를 제공하거나 위기에 처한 사람을 위한 기대 설정하기

(10) 이후 실행/활용해볼 수 있는 계획 수립하기 : '누가, 언제, 어디서, 어떻게'에 대한 기준들을 상세히 설명하는 것과 함께 '다음 단계'를 구체적이고 명확하게 나열하기

(11) 필요한 경우 지속적 돌봄을 받아들이도록 촉진하기(의료, 종교, 경제 등)

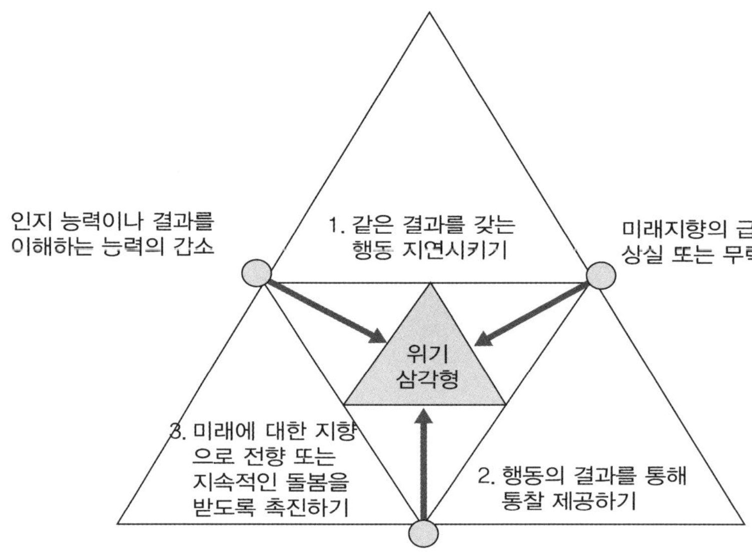

5) 독립적 기능 회복시키기 혹은 의뢰하기(Restoration of Adaptive, Independent Functioning or Referral)

SAFER−R의 이전 네 단계의 초점은 적응을 회복시키고 심리와 행동적 기능을 분리하도록 돕는 것이다. 대부분의 사례는 개입으로서 이러한 부분

들을 충족시켰다. 그러나 일부에선 높은 수준의 불안정한 조건이 유지되는 것을 볼 수 있다. 이러한 사례에서의 위기개입자는 의뢰하는 것을 개입의 목표로 삼아야 한다. SAFER–R 모델의 마지막 단계는 위기개입자가 지속적인 위기개입이 가능토록 지원을 제공하고, 연락을 취하며 살펴보는 것이다. 지속적인 관리의 자원으로는 가족, 친구, 경제자원, EAPs, 종교지도자, 공공자원, 혹은 주변 자원이 전혀 없는 극히 일부의 사례에서는 응급실이나 사법당국이 될 수도 있다. 의뢰 이후 위기개입자는 연락상황과 진척사항을 살펴보기 위해 후속 조치(follow–up)를 진행해야 한다.

- "당신이 말해준 것 대부분 예상되는 내용이었지만, 일부 면밀하게 살펴봤으면 하는 것들이 있네요. 제 생각에는 우리가 당신이 취해야 할 행동 혹은 무엇이 도움이 될 수 있을지 의견을 나눴으면 합니다."
- "당신의 경험을 통해 당신을 이해할 수 있도록 해주셔서 다시 한번 감사드립니다. 앞으로 어떻게 해야 할지 걱정이 있으신 것 같아요. 지금까지 들어본 결과, 지속적인 도움을 받아보는 것이 좋겠다고 여겨집니다."

재난 위기개입의 실제

1. SAFER-R Model의 적용

김동석(가명)씨는 62세 남성이다. 82세가 된 노모를 모시고, 아내와 함께 살고 있으며 두 딸은 도시에서 대학교를 다니고 있다. 태풍으로 인한 폭우와 강풍으로 마을 일부가 침수되었고, 동석 씨 집도 침수와 담장 붕괴 피해를 입었다. 큰 태풍이 와도 몇십 년 동안 큰 물난리가 없던 마을이라 그날도 큰 걱정 없이 삼을 사려고 준비하고 있었다. 거센 빗방울 소리와 함께 큰 천둥소리 같은 것이 들렸다. 놀라서 나가보니 집 뒤쪽 토사가 밀려내려와 담벼락이 붕괴되었다. 놀란 동석 씨는 일단 어머니를 안전한 마을회관으로 가시도록 모셔다 드리고 왔다. 마을회관에 어머니를 모셔다 드리고 오는 몇분 동안 빗물이 조금씩 차올라 동석 씨가 집에 도착했을 때는 문지방 앞까지 빗물이 찰랑거리고 있었다. 아내와 함께 집안으로 들어오는 빗물을 열심히 퍼내보았지만 모두 헛수고였다. 결국 발목정도 높이로 집안까지 물이 들어차 가재도구 일부가 침수되었다, 무너진 담장도 복구해야 하고, 장판도 교체해야 한다. 침수된 가재도구도 정리해야 한다. 다행스럽게도 적십자사에서 끼니마다 식사도 챙겨주고, 봉사자들이 많이 나와서 생각보다 빨리 정리가 되고 있다. 시에서 보조금이 나와서 복구비용을 지원해준다고 하는데, 언제 받을 수 있을지는 잘 모르는 상황이다.

그날 이후로 동석 씨는 잦은 두통에 시달리고 있다. 잠을 편하게 잔 날도 거의 없고, 잠이 드는 것도 어렵다. 아내에게 괜히 짜증을 부리는 일도 많아졌고, 그래서 더 자주 다투게 된다. 일하다가 문득 그날의 장면이 떠오르는 것이 가장 불편하다. 특히, 동네 다른 사람들은 모두 평소처럼 잘 지내는 것 같아 보이는데, 자신만 유독 민감하게 반응하는 것 같아서 불안하다. 지금의 불편함을 어떻게 해야 할지 몰라서 힘들고, 이야기할 곳도 마땅치 않아서 더욱 답답하게 느낀다.

자원봉사를 나갔던 옆 동 동장 최희철 씨가 마을 피해상황에 대해서 확인하던 중 동석 씨에 대한 이야기를 듣고 위기개입을 실시한다.

1) S : 안정화

안녕하세요? 저는 옆동 동장 최희철입니다. 이번에 태풍으로 침수피해를 입으셨다고 들었습니다. (네.) 저는 지금 피해상황을 확인중인데, 물적인 피해 외에 심리적으로 어려운 점은 없으신지 여쭤보려고 합니다.

이번 일 때문에 여러 가지로 힘드시겠지만 괜찮으시면 저와 잠깐 이야기 나눌 수 있을까요? (네, 그러시죠.) 감사합니다. 아까 말씀드린 것처럼 제가 하는 일은 심리적인 어려움을 좀 덜어드리는 것입니다.

저와 나눈 이야기는 비밀이 보장됩니다. 그러니 편하게 이야기 나누시면 좋겠습니다. 혹시 좀 힘드시더라도 지금 겪는 여러 가지 불편감을 덜어내는데 도움이 될 것이니 하실 수 있는 만큼 이야기하시는 것이 회복되는 데 훨씬 도움이 되실 겁니다.

일반적으로 많은 사람들이 예상치 못했던 큰 일을 겪으면 여러 가지 심리적인 불편감들을 호소합니다.

2) A : 인정하기

이번에 피해를 많이 입으셨죠? 구체적으로 이야기 좀 해주시겠어요?

피해가 컸네요. 정말 큰일 날 뻔 하셨네요. 굉장히 놀라고 힘드셨겠어요. 처음으로 겪는 일이라 더 많이 놀라셨겠어요.

혹시 이번과 비슷한 다른 일을 겪은 적은 없으신가요? 처음 겪는 일이라 더 힘들다고 하셨는데, 구체적으로 어떤 게 힘드신가요?

할 일이 참 많네요. 도와주시는 분들이 계신가요? (네. 많이들 도와주시네요.) 도와주시는 분들이 많이 계시다니 다행이네요.

또 어떤 것들이 힘드신가요? (잠을 잘 못자고 머리가 아프네요.) 수면이 부족하고 두통이 생겼네요. 그것 말고 또 불편하신 게 있나요?

3) F : 이해 촉진하기

이 마을에 살면서 몇십 년 만에 이례적인 홍수 피해를 겪으셨습니다, 이전에도 이런 일을 경험해 보신 적이 없고요. 많이 당황스럽고 힘드시죠?

지금 말씀하신 여러 가지 불편감은 비정상도 아니고, 동석 씨가 이상한 사람이거나 나약한 사람이라는 뜻도 아닙니다. 평소와 다르게 반응하는 본인이 좀 불편하게 느끼실 순 있겠지만 이상한 것은 아닙니다. (그런가요?) 그럼요. 이런 힘든 일을 겪으면 많은 사람들이 각자 다른 반응들이 나타납니다.

혹시 지금 말씀하신 몇 가지 불편함을 해소하기 위해서 특별히 해보신 것이 있나요? 그러면 평소에 이렇게 스트레스를 많이 받는 상황이라면 주로 어떻게 하세요? 평소라면 스트레스를 해소하는 데 도움이 될 만한 방법들이 지금은 진혀 도움이 되지 않는 거네요. (네, 그런 셈이죠.)

그러면, 지금 말씀하신 몇 가지 불편함을 해소하거나 마음을 좀 편안하게 해줄 만한 것이 무엇이 있을까요?

4) E : 효과적인 대처 장려하기

우선, 잠을 잘 못 주무신다고 하셨는데, 낮에 커피 드세요? (네. 믹스커피를 좀 많이 마십니다.) 카페인은 숙면을 방해합니다.

격한 운동이나 불안을 일으키는 활동이나 생각은 피하세요. 자기 전에 따뜻한 물로 샤워를 하거나 발가락부터 머리끝까지 근육을 풀어주고 충분히 이완시키는 것도 도움이 됩니다. 말씀처럼 잘 주무시면 두통도 좀 나아질 것 같네요.

혹시 두통이 계속되어서 참기 어려우면 의료진을 찾아서 약 처방을 받는 것도 필요합니다. 또, 기억이 계속 떠오르는 것은 누구나 재난을 당하면 생길 수 있는 정상적인 반응입니다. 기억을 뇌가 제대로 처리하지 못해서 기억이 자꾸 올라오는 것입니다. 마치 상한 음식을 먹으면 위가 소화를 못 시키고 어디 걸려있어서 자꾸 신물이 올라오는 것과 비슷하다고 생각하시면 됩니다.

도움을 줄 수 있는 한 가지 방법을 설명해 드리겠습니다. 본인이 즐거웠던 장소 등 마음이 편안해지는 장소를 상상해 봅니다. 그리고 커다랗고 튼튼한 용기를 상상하고, 그 안에 재난에 대한 기억 또는 그와 관련된 생각들을 집어넣고 단단히 봉하는 이미지를 떠올립니다. 이렇게 하면 나쁜 기억을 처리하는 데 도움이 됩니다.

마지막으로 아내에게 자꾸 짜증을 낸다고 하셨는데, 아내에게 있는 그대로 본인의 어려움을 이야기하시면 좋겠네요. 내가 그때 이후로 이런이런 불편감 때문에 며칠 동안 짜증을 내었다. 미안하고, 내가 회복되도록 도와달라고 이야기하시고, 본인이 지금 경험하는 어려움에 대해서 아내와 편하게 이야기 하세요.

다시 한번 말씀드리지만 동석 씨의 반응은 비정상이거나 이상한 게 아닙니다. 매우 불편하실 것이라고 이해합니다. 저하고 짧게나마 이야기 나누셨는데, 지금은 어떠세요? (처음엔 오기 꺼렸는데, 말하고 나니 훨씬 맘이 편하네요.)

5) R : 회복/의뢰

일반적으로 사람들이 이례적이고 충격적인 일들을 경험하면 시간이 지나면서 처음에 경험하는 불편감은 차차 사라지게 됩니다. 다음 주에 저와 한 번 더 이야기 나눠 보시죠.

제가 말씀드린 몇 가지 방법은 꼭 실천해 보시구요. 특히, 아내와 자주 이야기를 나누세요.

그리고 혹시 지금의 불편감이 사라지지 않으면 말씀하세요. 전문적인 상담을 원하시면 제가 연결해 드리겠습니다. 또한 의료적 지원도 연결해 드리겠습니다.

어떠세요? (감사합니다.) 네, 도움이 되셨다니 저도 좋네요. 혹시 궁금하시거나 더 하시고 싶은 말씀 있으신가요? 그럼 다음 주에 다시 연락드리고 뵙겠습니다.

참고문헌

국가통계포털 Kosis www.kosis.kr

김교헌, 권선중(2009). 태안 주민들의 재난 후 스트레스 반응; 사고 후 2개월과 8개월 시점의 지역비교를 중심으로, 환경사회학연구, 13(1), 89－125.

법제처 국가법령정보센터 www.law.go.kr

유엔국제재해경감기구(United Nations International Strategy for Disaster Reduction: UNISDR) www.unisdr.org

유엔재해기구(United Nations Development Program, UNDP) www.undp.org

이민수, 한창수, 곽동일, 이준상(1997). 삼풍 사고 생존자들의 정신과적 증상. 신경정신의학, 36(5), 841－846

행정안전부(2017) 2017 재난연감(사회재난)

행정안전부(2017) 2017 재해연보

Adams, R. E., Boscarino, J. A., & Galea, S. (2006). Alcohol Use, Mental Health Status and psychological Well－being 2 years after the World Trade Center Attacks in New York City., The American Journal of Drug and Alcohol Abuse, 32(2). 203－224.

American Psychiatric Association. (1994). Diagnistic and statistical manual of mental disorders(4th ed.). Washington, DC: Author.

Anderson, M. (1999). Do No Harm: How aid can support peace - or war. Boulder, CO: Lynne Rienner.

ARC (American Red Cross). (2002). Disaster mental health services: An overview (ARC 3077－2A). Washington, DC: Author.

Babson, A. K., & Feldner, M. T. (2010). Temporal relations between sleep problems and both traumatic event exposure and PTSD: A critical review of the empirical literature. Journal of anxiety Disorder, 24(1), 1－15.

Brady, K. T., Killeen, T. K., & Brewerton, T. (2000). Concordity of psychiatric disorders and posttraumatic stress disorder. Journal of Clinical

Psychiatry, 61(Suppl.7), 22－32.

Bryant, R. A., & others. (2011). A review of acute stress disorder in DSM－5. Depress. Anxiety 28, 802－817.

Bryant, R., & Harvey, A. (2000). Acute stress disorder: A handbook of theory, assessment, and treatment. Washington, DC: American Psychological Association.

Brymer, M, Jacobs, A, Layne, C, Pynoos, R, Ruzek, J, Steinberg, A, et al. (2006). Psychological First Aid: Field operations guide (2nd ed.). Los Angeles: National Child Traumatic Stress Network and National Center for PTSD.

Burt, C. C. (2004). Extreme weather: A guide and record book. New York: Norton.

Caplan. G.(1961) An approach to community mental health. NY: Grune and Statton.

Caramanica, K., Brackbill, R. M., Liao, T., & Stellman, S. D. (2014). Comorbidity of 9/11－related PTSD and depression in the World Trade Center health registry 10－11 years postdisaster. Journal of Trauma Stress, 27(6), 680－688.

Chen, C. C., yeh, T. L., Yang, Y. K., chen, S. J., Lee, I. H., Fu, L. S., ... & si, Y. C. (2001). Psychiatric morbidity and post－traumatic symptoms among survivors in the early stage following the 1999 earthquake in Taiwan. Psychiatry research, 105(1－2). 13－22.

Crow, G. A. (1977). Crisis intervention. Now York: Association Press.

Davis, L. (2002). Man－made catastrophes. New York: Checkmark Books.

DeWolfe, D. (2000). Training manual for mental health and human service workers in major disasters (2nd de). (DHHS Publication No. ADM 90－583).

Employee Assistance Professionals' Association(EAPA; 2002). Report of the Disaster Preparedness Task Force. Boston, November, 2002.

Everly, G. S., & Mitchell. J. M.(2008). Integrative Crisis Intervention and Disaster mental health. Ellicott city,MD: Chevron Publishing.

Farberow, N. L., & Frederick, C. J. (1978). Training manual for humans service workers in major disasters. Rockvill, MD: National Institute of

Mental Health.

Farberow, N. L., & Gordon, N. S. (1981). Manual for child health workers in major disaster. (DHHS Publication No. ADM 86-1070). Washington, DC: I.S Government Printing Office.

Federal Emergency Management Agency. (2001, Jan. 4). Hazards, disasters, and the U.S. emergency management system: An introduction (working draft). Emmitsburg, MD: Emergency management Institute.

Forbes, G. S. (1992). Aviation disasters: Microburst and other causes. In S. K. Majumdar, G.S. Forbes, E. W. Miller, & R. F. Schmalz(Eds.), Natural and technological disaster: Causes, Effects, and preventive measures (pp.176~191). Easton, PA: Pennsylvania Academy of Science.

Galea, S., Resnick, H., Ahern, J., Gold, J., bucuvalas, M., Kilpatrick, D., ... & Vlahov, D. (2002). Posttraumatic stress disorder in Manhattan, New York city, after the september 11th terroristattacks. Journal of Urban Health, 79(3), 340-353.

Gignac, M. A. M., Cott, C. A., & Badley, E. M. (2003). Living with a chronic disabling illness and then some: Data from the 1998 ice storm. Canadian Journal on Aging, 22, 249-259.

Gillespie, B. (2004, Jan. 23). Residential fires sky-rocket in winter months. American Red Cross in the News.

Gleser, B., Green, B., & Winget, C. (1981). Prolonged psychosocial effects of a disaster. New York: Academic press.

Halpern, J., Tramontin, M. (2007). Disaster Mental Health: Theory and practice. Belmont, CA: Brooks/Cole Cengage Learning.

Hobbs, F. B. (1996). 65+ in the United States. U.S. Bureau of the Census. Current Population Reports, Special Studies, 23-199, Wshington, DC: Government Printing Office.

Hoffman, M. A., & Kruczek, T. (2001). A bioecological model of mass trauma: Individual, community, and societal effects. The Counseling Psychologist, 39, 1087-1227.

Horowitz, M. J. (1986). Stress response syndromes (2nd ed.). Northvale, NJ: Jason Aronson.

Inter-Agency Standing Committee (IASC) (2007). IASC Guidelines on Mental

Health and Psychosocial Support in Emergency Settings. Geneva: IASC.

Jacobs, G. (2003, April 11). Current developments in disaster mental health. Paper presented at Lessons From Disaster: A Conference and conversation, State University of New York, New Paltz.

James, R. K., & Gilliland, B. E.(2001) Crisis intervention strategies(4th Ed). Pacific Grove, CA: Brooks/Cole.

Jenike, M. A. (1995). Posttraumatic stress disorder in the elderly: A 3−year follow−up of the Lockerbie disaster. Journal of Geriatric Psychiatry & Neurology, 8(2), 137.

Kafrissen, S. R., Heffron, E. F., & Zusman, J. (1975). Mental health problems in environmental disasters, in H. L. P. Resnik, H. L. Ruben, & D, D. Ruben (Eds.) Emergency psychiatric care: The management of mental health crises. Bowie, MD: Charles Press.

Kato, H., Asukai, N., & Miyake, Y. (1996). Posttraumatic symptoms among younger and elderly evacuates in the early stages following the 1995 Hanshin−Awaji earthquake in Japan. Acta Psychiatrica Scandinavia, 93(6), 477−481.

Katz, C. L., & others. (2002). Research on Psychiatric Outcomes and Interventions Subsequent to Disasters: A review of the Literature. Psychiatry Res, 2002 110. 201−217.

Kessleer, R. C., Sonnega, A., Bromet, E., Hughesm M., & Nelson, C, B, (1995). Posttraumatic stress disorder in the National Comorbidity Survey. Archives of General Psychiatry, 52(12), 1048−1060.

Kolb, L. (1986). Post−traumatic stress disorder in Vietnam veterans. New England Journal of Medicine, 314(10), 641−642.

Krug, E. G., Kresnow, M., Peddicord, J., Dahlberg, L., Powell. K., Crosby, A. & Annest, J. (1998). Suicide after natural disasters. New England Journal of Medicine, 338, 373−378.

Langer, N. (2004). Natural disasters that reveal cracks in our social foundation. Educational Gerontology, 30, 275−285.

Lin, M−R., Huang, W., & Huang, C. (2002). The impact of the Chi−Chi earthquake in quality of life among elderly survivors in Taiwan: A before and after study. Quality of Life Research: An International Journal of

Quality of Life Aspects of Treatment, Care & Rehabilitation, 11(4), 379－388.

Litz, B. T. & Gray, M. J. (2004). Early intervention for trauma in adults: A framework for first aid and secondary prevention. In B. T. Litz (Ed.), Early intervention for trauma and traumatic loss(pp.87－111). New York: Guilford press.

Litz, B. T. (2004). Introduction. In B. T. Litz (Ed.), Early intervention for trauma and traumatic loss (pp.1－12). New York: Guilford Press.

Livingston, H. M., Livingston, M. G,, & Fell, S. (1994). The Lockerbie Disaster: A 3－year Follow－up of elderly victims, International Journal of Geriatric Psychiatry, 9(12), 989－994.

Lonigan, C., Shannon, M., Taylor, C., Finch, A., & Sallee, F. (1994). Children exposed to disaster: Ⅱ. Risk factors for the development of post－traumatic symptomatology. Journal of the American Academy of child and Adolescent Psychiatry, 33, 94－105.

Lystad, M. (Ed.). (1985). Innovation in mental health services to disaster victims. (DGGS Publication No. ADM 85－1390). Washington, DC: U.S Government Printing Office.

Marshall, R. D., & Galea, S. (2001). Science for the community: assessing mental health after 9/11. Journal of clinical psychiatry, 65(suppl 1), 37－43.

Meichenbaum, D., & Fitzpatrick, D. (1993). A narrative constructivist perspective of stress and coping: Stress inoculation applications. In L. Goldberger & S. Breznitz(Eds.), Handbook of stress (2nd Ed.). New York: Free Press

Myers, D. (1985). Helping the helpers: A training manual. In D. M. Hartsough & D. G. Myers (Eds.), Disaster work and mental health: Prevention and control of stress among workers (DHHS Publication No. ADM 87－1422). Washington, DC: U.S Government Printing Office.

Myers, D. (1989a). Mental health and disaster: Preventive approaches to intervention. In R. Gist & B. Lubin (Eds.) Psychosocial aspects of disaster. New York: Wiley.

Myers, D. (1989b). Training manual: Disaster mental health. Unpublished manuscript. sacramento, CA: California Department of mental health.

Myers, D. (1994a). Disaster response and recovery: A handbook for mental health professionals (DHHS Publication No. SMA 94-3010). Washington, DE: U.S Government Printing Office.

Myers, D. (1994b). Psychological recovery from disaster: Some key concepts for delivery of mental health services. National Center for Post-Traumatic Stress Disorder Clinical Quarterly, 4(2), 1-5.

Myers, D., & Wee, D. F. (2005). Disaster mental health services. New York: YN: Routledge.

Myers, D., O'Callahan, W., & Peuler, J. (1984). Human response to disaster: Training human service workers. California Department of Mental Health, National Institute of Mental Health and Federal Emergency Management Agency.

Myers, D., Spofford, P., & Young, B. (1996). Responding to traumatic events: A training manual. Pacific Grove, CA: National Disaster Mental Health Consultants.

Nandi, A., Galea, s., Ahern, J., & Vlahov, D. (2011). Probable Cigarette Dependence, PTSD, and depression after and Urban Disaster: result form a population survey of New York city residents 4 Months after 9/11. Psychiatry, 68(4), 299-310.

Nandi, A., Tracy, M., Beard, J. R., Vlahov, D., & Galea, S. (2009). Patterns and predictors of trajectories of depression agter and urban disaster. Annals of Epidemiology, 19(11), 791-770.

National Institute of Mental Health (2002). Mental health and mass violence. Washington, D.C.: Author

National Volunteer Organizations Active in Disaster, Early Psychological Intervention Subcommittee(2005, May). Early Psychological Intervention Consensus Points.

Norris, F. H., Friedman, M. J., & Watson, P. J. (2002). 60,000 disaster victims speak: Part Ⅱ. Summary and implications of the disaster mental health research. Psychiatry, 65(3), 240-260.

Norris, F., Friedman, M. J., Watson, P. J., Byrne, C. M., Diaz, E., & Kaniasty, K.(2002). 60,000 disaster victims speak: Part Ⅰ. An empirical review of the empirical literature, 1981~2001. Psychiatry: Interpersonal & Biological Processes, 65, 207–243.

North, C. S., Pfefferbaum, B., Narayanan, P., Thielman, S., McCoy, G., Dumont, C., ... Spitznagel, E. L. (2005). Comparison of post-disaster psychiatric disorders after terrorist bombings in Nairobi and Oklahoma City. The British Journal of Psychiatry, 186(6), 487–493.

North, c. s., Spiznagel, E. L., & Smithm E. M. (2001). A prospective study of coping after exposure to a mass murder episode. annals of Clinical Psychiatry, 13(2), 81–87.

Oriol, W. (1999). Psychosocial issues for older adults in disasters (DHHS Publication No. ESDRB SMA 99–3323). Emergency Services and Disaster Relief Branch, Center for Mental Health Services (CMHS), Substance Abuse and Mental Health Services Administration. Washington, DC: Department of Health and Human Services.

PrepareNow.Org. (2005). Supporting special needs and vulnerable populations in disaster. Retrieved March 19, 2006

Pynoos, R. W., & Nader, K. (1993). Issue in the treatment of post-traumatic stress in children and adolescents. In J. P. Wilson & B. Raphael (Eds.), International handbook of traumatic stress syndromes. New York: Plenum Press.

Quarantelli, E. L. (1986). What is disaster? The need for clarification in definition and conceptualization in research. In B. J. Sowder & M. Lystad (Eds.). Disasters and mental health: contemporary perspectives and innovations in services to disaster victims. Washington, DC: American Psychiatric Press.

Quarantelli, E. L. (1987). What should we study? Questions and suggestions for researchers about the concept of disasters. International Journal of Mass Emergencies and disasters. 5(1), 7–32.

Raphael, B. (1986). When disaster strikes: How individuals and communities cope with catastrophe. NY: Basic Books.

Roberts, A. R.(Ed.)(2005). Crisis intervention handbook; Assessment, treatment, and research (3rd). New York: Oxford University press.

Rosendal, S., Andersen , H. S., & Mortensen, E. L. (2011). Exposure characteristics and peri－trauma emotional reactions during the 2004 tsunami in Southeast Asia? What predicts posttraumatic stress and depressive symptoms? comprehensive psychiatry, 52(6), 630－637.

Scheeringa, M.S., Zeanah, C. H., & Cohen, J. A. (2011). PTSD in children and adolescents: Toward an empirically based algorithm. Depress. Anxiety 28, 770－782.

Shannon, M., Loniga, C., Finch, A., & Taylor, C. (1994). Children exposed to disaster: Ⅰ. Epidemiology of post－traumatic symptoms and symptom profiles. Journal of the American Academy of child and adolescent psychiatry, 33, 80－93.

Smith, E. M., North, C. S., AcCool, R. E., & Shea, J. M. (1990). Acute postdisaster psychiatric disorders: Identification of persons at risk. The American Journal of Psychiatry, 147(2), 202－206.

Smith, K. W., Christiansen, E. H., Vincent, R., & Hann, N. E. (1999). Population effects of the bombing of Oklahoma City. The Journal of the Oklahoma State Medical Association. 92(4), 193－198.

Stein, B., & Myers, D. (1999). Emotional intervention after trauma: A guide for primary care physicians. Journal of the American medical Women's Association, 54, 60－64.

Tang, K., Liu, X., Liu, C,, & Zhang, L. (2014). A meta－analysis of risk factors for depression in adults and children after natural disasters. BMC Public Health, 14, 623.

Van der Kolk, B. A., McFarlane, A. C., & Weisaeth, L. (Eds.) (1996). Traumatic stress: the effects of overwhelming experience on mind, body, and society. New York: Guilford Press.

Van Minnen, A., Zoellner, L. A., Harned, M. S., & Mills, K. (2015).Changes in comorbid conditions after prolonged exposure for PTSD: A literature review. Current Psychiatry Reports, 17, 17.

Vlahov, D., Galea, S., Ahem, J., Resnick, H., & Kilpatrick, D. (2004). sustained increased consumption of cigarettes, alcohol, and marijunan among Manhattan residents after september 11, 2001. American Journal of Public health, 94(2), 253－254.

Vlahov, D., Galea, S., Ahern, J., Resnick, H., Boscarino, J. A., Gold, J., ... &

Kilpatrick, D. (2002). Increased use of cigarettes, alcohol, and marijuana among manhattan, New York, residents after the September 11th terrorist attacks, American Journal of Epidemiology, 155(11), 988－996.

Wasserstein, S., & La Greca, A. (1998). Hurricane Andrew: Parent conflict as a moderator of children's adjustment. Hispanic Journal of Behavioral Science, 20, 212－224.

Watson, P. (2004). Behavioral health interventions following mass violence. Retrieved July 2005 from the National center for PTSD at www.istss.org/pulications/TS/Winter04/behavioral/htm

Weaver, J. D. (1995). Disasters: Mental health interventions Sarasota, FL: Professional Resources Press.

Weiss, H. P. (2001). The experience of depression in depressive disorder alone versus comorbid depression and PTSD. Dissertation Abstracts Intranational: Section B: The Sciences and Engineering, 62(3－B), 1605.

Young, B. H., Ford, J. D., Ruzek, J. I., Fredman, M. J. & Gusman, F. D. (1998). Disaster mental health services: A guidebook for clinicians. Menlo Park, CA and White River Junction, VT: National Center for PTSD.

Yule, W., Udwin, O., & Bolton, D. (2002). Mass transportation disasters. In A. M. La Greca, W. K. Silversmith, E. M. Vernberg, & M. C. Roberts(Eds.), Helping children come with disasters and terrorism (pp.223－239). Washington, DC: APA Press.

Zumin, L. M., & Myers, D. (1990). Phases of disaster. Unpublished training materials.

색 인

위기관리총서 시리즈 6

현장에서의 위기개입워크북

부록

관련 기관 안내

일반 정신 건강 관련 기관

기관명	연락처
〈정부 및 공공기관 및 유관기관〉	
보건복지부	129 (공휴일, 야간: 044－202－2118)
국립정신건강센터	02－2204－0114
중앙정신건강복지사업지원단	02－747－3070
질병관리본부	043－719－7065
국방헬프콜	1303
중앙장애인권익옹호기관	02－6951－1790
〈경찰 트라우마센터〉	
서울 보라매병원	02－870－2114
대전 유성선병원	1588－7011
부산 온종합병원	051－607－0114
광주 조선대학교병원	062－220－3398
〈광역정신건강복지센터〉	
서울시정신건강복지센터	02－3444－9934
경기도정신건강복지센터	031－212－0435~6
인천광역정신건강복지센터	032－468－9911
충청북도광역정신건강복지센터	043－217－0597
충청남도광역정신건강복지센터	041－633－9183
대전광역정신건강복지센터	042－486－0005
경상남도정신건강복지센터	055－239－1400
경상북도정신건강복지센터	054－748－6400
대구광역정신건강복지센터	053－256－0199
전라북도광역정신건강복지센터	063－251－0650
전라남도광역정신건강복지센터	061－350－1700

기관명	연락처
광주광역정신건강복지센터	062－600－1930
강원도광역정신건강복지센터	033－251－1970
울산광역정신건강복지센터	052－716－7199
부산광역정신건강복지센터	051－242－2575
제주특별자치도광역정신건강복지센터	064－717－3000
〈지역별 정신건강복지센터〉 － 서울	
강남구정신건강복지센터	02－2226－0344
강동구정신건강복지센터	02－471－3223
강북구정신건강복지센터	02－985－0222
강서구정신건강복지센터	02－2600－5926
관악구정신건강복지센터	02－879－4911
광진구정신건강복지센터	02－450－1895
구로정신건강복지센터	02－860－2618
금천구정신건강복지센터	02－3281－9314
노원구정신건강복지센터	02－950－4591
도봉구정신건강복지센터	02－900－5783
동대문구정신건강복지센터	02－963－1621
동작구정신건강복지센터	02－588－1455
마포구정신건강복지센터	02－3272－4937
서대문구정신건강복지센터	02－337－2165
서초구정신건강복지센터	02－2155－8215
성동구정신건강복지센터	02－2298－1080
성북구정신건강복지센터	02－2241－6304
송파정신건강복지센터	02－421－5871
양천구정신건강복지센터	02－2061－8881
영등포구정신건강복지센터	02－2670－4753
용산구정신건강복지센터	02－2199－8370
은평구정신건강복지센터	02－353－2801
종로구정신건강복지센터	02－745－0199
중구정신건강복지센터(서울)	02－2236－6606

기관명	연락처
중랑구정신건강복지센터	02-3422-5921~3
- 경기도	
가평군정신건강복지센터	031-581-8881
고양시아동청소년정신건강증진센터	031-908-3567
고양시정신건강증진센터	031-968-2333
과천시정신건강증진센터	02-504-4440
광명시정신건강복지센터	02-897-7786
광주시정신건강복지센터(경기)	031-762-8728
구리시정신건강복지센터	031-550-8614
군포시정신건강증진센터	031-461-1771
김포시정신건강복지센터	031-998-2005
남양주시정신건강복지센터	031-592-5891
동두천시정신건강복지센터	031-863-3632
부천시정신건강복지센터	032-654-4024~7
성남시소아청소년정신건강복지센터	031-751-2445
성남시정신건강복지센터	031-754-3220
수원시노인정신건강센터	031-273-7511
수원시아동청소년정신건강센터	031-242-5737
수원시정신건강복지센터	031-247-0888
수원시행복정신건강복지센터	031-253-5737
시흥시정신건강복지센터	031-316-6661
안산시정신건강복지센터	031-411-7573
안성시정신건강복지센터	031-378-5361~9
안양시정신건강복지센터	031-469-2989
양주시정신건강복지센터	031-840-7320
양평군정신건강복지센터	031-770-3526
여주시정신건강복지센터	031-886-3435
연천군정신건강증진센터	031-832-8106
오산시정신건강증진센터	031-374-8680
용인시정신건강증진센터	031-286-0949
의왕시정신보건센터	031-458-0682
의정부시정신건강복지센터	031-828-4547

기관명	연락처
이천시정신건강복지센터	031-637-2330
파주시정신건강증진센터	031-942-2117
평택시정신건강증진센터	031-658-9818
포천시 정신건강복지센터	031-532-1655
하남시정신건강복지센터	031-793-6552
화성시정신건강복지센터	031-369-2892
- 인천	
강화군정신건강복지센터	032-932-4093
계양구정신건강복지센터	032-547-7087
부평구정신건강증진센터	032-330-5602
연수구정신건강복지센터	032-749-8171~7
인천남구정신건강복지센터	032-421-4045~6
인천남동구정신건강복지센터	032-465-6412
인천동구정신건강복지센터	032-765-3690~1
인천서구정신건강증진센터	032-560-5006, 5039
인천중구정신건강증진센터	032-760-6090
- 충남	
계룡시정신건강복지센터	042-840-3584/3570
공주시정신건강복지센터	041-852-1094
금산군정신건강복지센터	041-751-4721
논산시정신건강복지센터	041-746-8073/4076
당진시정신건강복지센터	041-352-4071
보령시보건소정신건강복지센터	042-930-4184
부여군보건소정신건강복지센터	041-830-2502
서산시정신건강복지센터	041-661-6592
서천군정신건강복지센터	041-950-6733
아산시정신건강복지센터	041-537-4353
예산군정신건강복지센터	041-339-8029
천안시정신건강복지센터(동남구)	041-521-2664
천안시정신건강복지센터(서북구)	041-571-0199

기관명	연락처
청양군보건의료원 정신건강복지센터	041-940-4546
태안군보건의료원 정신건강복지센터	041-671-5398
홍성군정신건강복지센터	041-630-9076 / 보건소-9057
- 충북	
괴산군정신건강증진센터	043-832-0330
단양군정신건강복지센터	043-420-3245
보은군정신건강복지센터	043-544-6991
영동군정신건강복지센터	043-740-5613/5624
옥천군정신건강복지센터	043-730-2195
음성군정신건강증진센터	043-872-1883~4, 043-878-1882
제천시정신건강복지센터	043-646-3074~5
증평군정신건강증진센터	043-835-4277
진천군정신건강증진센터	043-536-8387
청주시상당정신건강복지센터	043-201-3122~9
청주시서원정신건강복지센터	043-291-0199
청주시흥덕정신건강복지센터	043-234-8686
청주시청원정신건강복지센터	043-215-6868
충주시정신건강복지센터	043-855-4006
- 세종	
세종시정신건강복지센터	044-861-8521
- 대전	
대덕구정신건강복지센터	042-931-1671
동구정신건강복지센터(대전)	042-673-4619
서구정신건강증진센터(대전)	042-488-9748
유성구정신건강증진센터	042-825-3527
중구정신건강증진센터(대전)	042-257-9930
- 경남	
거제시보건소 정신건강복지센터	055-639-6119
거창군정신건강증진센터	055-940-8344/8384
고성군보건소정신건강복지센터	055-670-4057~8
김해시정신건강복지센터	070-4632-2900
남해군보건소 정신건강복지센터	055-860-8701
밀양시정신건강복지센터	055-359-7081
사천시보건소 정신건강복지센터	055-831-2795/3575
산청군정신건강복지센터	055-970-7553
양산시정신건강복지센터	055-367-2255
의령군보건소/의령군정신건강증진센터	055-570-4093/4023
진주시보건소정신건강증진센터	055-749-4575/5774
창녕군정신건강복지센터	055-530-6225
창원시 마산정신건강복지센터	055-225-6031
창원시 진해정신건강복지센터	055-225-6691
창원시 창원정신건강복지센터	055-287-1223
통영시정신건강복지센터	055-650-6122/6153
하동군정신건강복지센터	055-880-6670
함안군보건소 정신건강복지센터	055-580-3201/3131
함양군보건소 정신건강복지센터	055-960-5358/4685
합천군 보건소 정신건강복지센터	055-930-4835/3720
- 경북	
경산시정신건강복지센터	053-816-7190
경주시정신건강복지센터	054-777-1577
구미시정신건강복지센터	054-480-4047
김천시정신건강복지센터	054-433-4005
문경시정신건강증진센터	054-554-0802
봉화군정신건강복지센터	054-679-1126
상주시정신건강복지센터	054-536-0668
성주군정신건강복지센터	054-930-8112

기관명	연락처
안동시정신건강복지센터	054－842－9933
영덕군정신건강복지센터	054－730－7161~4
영주시 정신건강복지센터	054－639－5978
영천시정신건강증진센터	054－331－6770
칠곡군정신건강복지센터	054－973－2024
포항시남구정신건강복지센터	054－270－4073/4091
포항시북구정신건강증진센터	054－270－4193~8
－ 대구	
남구정신건강증진센터(대구)	053－628－5863
달서구정신건강복지센터	053－637－7851
달성군정신건강증진센터	053－643－0199
동구정신건강복지센터(대구)	053－983－8340,2
북구정신건강복지센터(대구)	053－353－3631
서구정신건강증진센터(대구)	053－564－2595
수성구정신건강증진센터	053－756－5860
중구정신건강복지센터(대구)	053－256－2900
－ 전남	
강진군정신건강복지센터	061－430－3542/3560
고흥군정신건강복지센터	061－830－6636/6673
광양시정신건강증진센터	061－797－3778
곡성군정신건강복지센터	061－363－9917
구례군정신건강복지센터	061－780－2023/2047
나주시정신건강증진센터	061－333－6200
담양군보건소/담양군정신건강복지센터	061－380－3995
목포시정신건강복지센터	061－276－0199
무안정신건강복지센터	061－450－5032
보성군정신건강증진센터	061－853－5500
순천시정신건강복지센터	061－749－6884/6928
여수시정신건강복지센터	061－659－4255/4289

기관명	연락처
영광군 정신건강복지센터	061－350－5666, 061－353－9401
완도군정신건강증진센터	061－550－6742/6745
장성군정신건강증진센터	061－390－8373/395－0199
장흥군정신건강복지센터	061－860－0549/0541
진도군정신건강복지센터	061－540－6058
함평군정신건강복지센터	061－320－2428/2512
해남군정신건강복지센터	061－531－3763/3767
화순군정신건강복지센터	061－379－5305
－ 전북	
고창군 정신건강증진센터	063－563－8738
군산시정신건강증진센터	063－445－9191
김제시정신건강복지센터	063－542－1350
남원시정신건강복지센터	063－635－4122
부안군정신건강증진센터	063－581－5831
완주군정신건강복지센터	063－262－3066
익산시정신건강증진센터	063－841－4235
전주시정신건강증진센터	063－273－6995~6
정읍시정신건강증진센터	063－535－2101
진안군 정신건강증진센터	063－432－8529
무주군정신건강복지센터	063－320－8232
－ 광주	
광산구정신건강증진센터	062－941－8567
광주남구정신건강증진센터	062－676－8236
광주동구정신건강증진센터	062－233－0468
광주북구정신건강증진센터(본소)	062－267－5510
광주북구정신건강복지센터(분소)	062－267－4800
광주서구정신건강증진센터	062－350－4195

기관명	연락처
– 강원도	
강릉시정신건강복지센터	033–651–9668
고성군정신건강복지센터 (강원)	033–682–4020
동해시정신건강복지센터	033–533–0197
삼척시정신건강복지센터	033–574–0190
속초시정신건강복지센터	033–633–4088
양구군정신건강복지센터	033–480–2789
양양군정신건강증진센터	033–673–0197, 0199
영월군정신건강복지센터	033–374–0199
원주시정신건강복지센터	033–746–0198
인제군보건소 정신건강복지센터	033–460–2245, 033–461–7427
정선군보건소 정신건강복지센터	033–560–2896
철원군보건소 철원군정신건강증진센터	033–450–5104
춘천시정신건강복지센터	033–241–4256
태백시정신건강복지센터	033–554–1278
평창군보건의료원 정신건강복지센터	033–330–4872
홍천군정신건강증진센터	033–430–4035
화천군보건소 정신건강복지센터	033–441–4000
횡성군정신건강증진센터	033–345–9901
– 울산	
울산울주군정신건강복지센터	052–262–1148
울산남구정신건강복지센터	052–227–1116
울산동구정신건강복지센터	052–233–1040
울산북구정신건강복지센터	052–288–0043
울산중구정신건강증진센터	052–292–2900
– 부산	
강서구정신건강증진센터 (부산)	051–970–3417
금정구정신건강증진센터	051–518–8700

기관명	연락처
기장군정신건강증진센터	051–727–5386
남구정신건강증진센터(부산)	051–626–4660,1
동구정신건강복지센터(부산)	051–911–4600
동래구정신건강복지센터	051–507–7306~7
북구정신건강복지센터(부산)	051–334–3200
사상구정신건강증진센터	051–314–4101
사하구정신건강복지센터	051–265–0512
서구정신건강증진센터(부산)	051–256–1983
수영구정신건강증진센터	051–714–5681
연제구정신건강복지센터	051–861–1914
영도구정신건강복지센터	051–404–3379
중구정신건강복지센터(부산)	051–257–7057
진구정신건강증진센터	051–638–2662
해운대구정신건강복지센터	051–741–3567
– 제주	
서귀포시정신건강복지센터	064–760–6553
제주시정신건강증진센터	064–728–4075
〈지방 보건소〉 – 전남	
신안군 보건소	061–240–8095
영암군 보건소	061–470–6539
– 전북	
순창군보건의료원	063–650–5247
임실군보건의료원	063–640–3144
장수군보건의료원	063–350–3162
– 경북	
고령군보건소	054–954–1300
청도군 보건소	054–370–6296
군위군 보건소	054–383–4000
예천군 보건소	054–650–8033
영양군 보건소	054–680–5132
울릉군보건의료원	054–790–6871
의성군 보건소	054–830–6684
청송군 보건의료원	054–870–7200

자살 관련 기관

기관명	연락처
한국자살예방협회	02－413－0892－3
한마음한몸자살예방센터	02－318－3079
사랑의전화상담센터	02－3272－4242
불교상담개발원(자비의전화)	02－737－7378
(사)생명존중교육협의회	02－904－6647
기독교자살예방센터	070－8749－2114
중앙자살예방센터	02－2203－0053
〈생명의 전화〉	
한국생명의전화	02－763－9195
서서울생명의전화	02－2649－9233
수원생명의전화	031－237－3120
안양생명의전화	031－383－9114
고양생명의전화	031－901－1391
부천생명의전화	032－325－2322
충주생명의전화	043－842－9191
광주생명의전화	062－232－9192
전주생명의전화	063－286－9192
대구생명의전화	053－475－9193
포항생명의전화	054－252－9177
울산생명의전화	052－265－5570
부산생명의전화	051－807－9195
제주생명의전화	064－744－9190
〈광역자살예방센터〉	
서울시자살예방센터	02－3458－1000
경기도자살예방센터	031－212－0437
인천광역시자살예방센터	032－468－9911
대구광역자살예방센터	053－256－0199
광주광역자살예방센터	062－600－1930
강원도자살예방센터	033－251－1970
부산광역자살예방센터	051－242－2575
〈지역자살예방센터〉 － 서울	
성동구자살예방센터	02－2298－7119

기관명	연락처
성북구자살예방센터	02－916－9118
－ 경기	
가평군자살예방센터	031－581－8872
광명시자살예방센터	02－2618－8255
성남시정신건강증진센터 부설 성남	031－754－3220
수원시자살예방센터	031－247－3279
시흥시자살예방센터	031－316－6664
안산시자살예방센터	031－418－0123
여주시자살예방센터	031－886－3435
양평군자살예방센터부설양평군자	031－770－3532, 26
용인시자살예방센터	070－4457－9373
이천시자살예방센터	031－637－2330
의정부시정신건강복지센터 부설	031－828－4547
화성시자살예방센터	031－369－2892
－ 인천	
인천남구자살예방센터	032－421－4047
－ 충남	
천안시자살예방센터	041－571－0199
－ 전북	
남원시자살예방센터	063－635－4122
－ 강원	
강릉시정신건강복지센터부설강릉	033－651－9668
원주시정신건강복지센터부설원주	033－746－0198
홍천군정신건강복지센터부설홍천	033－435－7482
－ 울산	
울산남구자살예방센터	052－227－1116
울산동구자살예방센터	052－233－1040
울산북구자살예방센터	052－288－0043
울산중구자살예방센터	052－292－2900

여성 관련 기관

기관명	연락처
〈여성 긴급전화 1366〉	
중앙센터	1366
서울	02－1366
경기	031－1366
경기북부	031－1366
인천	032－1366
충북	043－1366
충남	041－1366
대전	042－1366
전북	063－1366
전남	061－1366
광주	062－1366
경북	054－1366
경남	055－1366
대구	053－1366
강원	033－1366
울산	052－1366
부산	051－1366
제주	064－1366
〈여성 관련 전문 기관〉	
(사)한국여성상담센터	02－953－1704
(사)한국여성장애인연합	02－3675－9935, 02－766－9935
〈한국 여성의 전화〉	
서울강서양천여성의전화	02－2605－8466
김포여성의전화	가정폭력상담: 031－986－0136
광명여성의전화	가정폭력상담: 02－2060－2545 이메일상담: kmwhl@hanmail.net
성남여성의전화	가정폭력상담: 031－751－6677 성폭력상담: 031－751－1120 이메일상담: snwhl@naver.com
수원여성의전화	가정폭력상담: 031－232－6888
	성폭력상담: 031－224－6888 성매매상담: 031－222－0122 청소년열린터: 031－253－8298
시흥여성의전화	여성폭력상담: 031－496－9393 가정폭력상담: 031－496－9494 이메일상담: shwhl@jinbo.ne
안양여성의전화	가정폭력상담: 031－468－1366 성폭력상담: 031－466－1366
부천여성의전화	상담: 032－328－9711
강릉여성의전화	상담 : 033－643－1982, 033－643－1985 이메일상담: gw1985@hanmail.net
군산여성의전화	상담: 063－445－2285
익산여성의전화	상담: 063－858－9191 이메일상담: iswhl@hanmail.net
전주여성의전화	상담: 063－283－9855, 063－282－1366
영광여성의전화	상담: 061－352－1321
청주여성의전화	여성폭력상담: 043－252－0966, 043－252－0968
천안여성의전화	여성폭력상담: 041－561－0303
창원여성의전화	여성폭력상담: 055－267－1366, 055－283－8322
진해여성의전화	상담: 055－546－8322, 055－546－0036 참살이: 055－546－1409 이메일상담: jhwhl01@hanmail.net
광주여성의전화	일반상담: 062－363－0442~3 가정폭력상담: 062－363－0485 성폭력상담: 062－363－0487 성매매상담: 062－384－8297
대구여성의전화	가정폭력상담: 053－471－6482 성폭력상담: 053－471－6483 이메일상담: esco10@hananet.net
울산여성의전화	여성주의상담: 052－244－1555

기관명	연락처
부산여성의전화	가정폭력상담: 051－817－6464 성폭력상담: 051－817－6474
〈한국여성민우회〉	
한국여성민우회	02－737－5763
한국여성민우회 (성폭력 상담)	02－335－1858
한국여성민우회 (여성연예인인권 지원)	02－736－1366
서울남서여성민우회	02－2643－1253
서울동북여성민우회	02－3492－7141
고양파주여성민우회	031－907－1003
군포여성민우회	031－396－0201
인천여성민우회	032－525－2219
광주여성민우회	062－529－0383
진주여성민우회	055－743－0410
원주여성민우회	033－732－4116
춘천여성민우회	033－255－5557

아동 관련 기관

기관명	연락처
중앙아동보호전문기관	02－558－1391
〈지역아동센터〉	
한국지역아동센터연합회	1544－4196
지역아동센터중앙지원단	02－365－1264, 02－581－1264
서울지원단	02－2632－3125
인천지원단	032－425－7327－8
경기북부지원단	031－595－7859/7869
경기남부지원단	031－236－2729
충북지원단	043－287－9095
충남지원단	041－557－2729
대전지원단	042－226－2729
강원지원단	033－255－1008,9
전북지원단	063－274－5479
전남지원단	061－272－7951~2
광주지원단	062－522－9976, 062－521－9975
경북지원단	054－463－7275~6
울산지원단	052－221－2729
경남지원단	055－252－1379
대구지원단	053－476－1613
부산지원단	051－440－3020~1
제주지원단	064－756－5579
〈아동보호전문기관〉 － 서울	
중앙아동보호전문기관	02－558－1391
노원구아동보호전문기관	02－974－1391
서울동남권아동보호전문기관	02－474－1391
서울특별시아동보호전문기관	02－2040－4242
서울특별시동부아동보호전문기관	02－2247－1391
서울강서아동보호전문기관	02－3665－5183~5
서울은평아동보호전문기관	02－3157－1391
서울영등포아동보호전문기관	02－842－0094

기관명	연락처
서울성북아동보호전문기관	02－923－5440
서울마포아동보호전문기관	02－422－1391
－ 경기	
수원아동보호전문기관	031－8009－0080
경기평택아동보호전문기관	031－652－1391
경기시흥아동보호전문기관	031－316－1391
경기용인아동보호전문기관	031－275－6177
안산시아동보호전문기관	031－402－0442
경기도아동보호전문기관	031－245－2448
경기북부아동보호전문기관	031－874－9100
경기성남아동보호전문기관	031－756－1391
경기고양아동보호전문기관	031－966－1391
경기부천아동보호전문기관	032－662－2580
경기화성아동보호전문기관	031－227－1310
경기남양주아동보호전문기관	031－592－9818
－ 인천	
인천남부아동보호전문기관	032－424－1391
인천광역시아동보호전문기관	032－434－1391
인천북부아동보호전문기관	032－515－1391
－ 충청북도	
충청북도아동보호전문기관	043－216－1391
충북북부아동보호전문기관	043－ 645－9078
충북남부아동보호전문기관	043－731－3686
－ 충청남도	
충청남도서부아동보호전문기관	041－635－1106
충청남도아동보호전문기관	041－578－2655
충청남도남부아동보호전문기관	041－734－6640~1
－ 대전	
대전광역시아동보호전문기관	042－254－6790
－ 세종시	
세종시아동보호전문기관	044－864－1393

기관명	연락처
– 전라북도	
전라북도아동보호전문기관	063–283–1391
전라북도서부아동보호전문기관	063–852–1391
전라북도서부아동보호전문기관 군산분소	063–734–1391
전라북도동부아동보호전문기관	063–635–1391~3
– 전라남도	
전남중부권아동보호전문기관	061–332–1391
전라남도아동보호전문기관	061–753–5125
전남서부권아동보호전문기관	061–285–1391
전남서부권아동보호전문기관 분사무소	061–284–1391
– 광주	
빛고을아동보호전문기관	062–675–1391
광주광역시아동보호전문기관	062–385–1391
– 경상북도	
경북남부아동보호전문기관	054–745–1391
경북북부아동보호전문기관	054–853–0237~8
경북동부아동보호전문기관	054–284–1391
경북서부아동보호전문기관	054–455–1391
– 경상남도	
김해시아동보호전문기관	055–322–1391
경상남도아동보호전문기관	055–244–1391
경상남도아동보호전문기관 양산사무소	055–367–1391
경남서부아동보호전문기관	055–757–1391
– 대구	
대구광역시북부아동보호전문기관	053–710–1391
대구광역시남부아동보호전문기관	053–623–1391
대구광역시아동보호전문기관	053–422–1391
– 강원	
강원남부아동보호전문기관	033–535–5391

기관명	연락처
강원도아동보호전문기관	033–244–1391
강원동부아동보호전문기관	033–644–1391
강원서부아동보호전문기관	033–766–1391
– 울산	
울산남부아동보호전문기관	052–256–1391
울산광역시아동보호전문기관	052–245–9382
– 부산	
부산남부아동보호전문기관	051–791–1360
부산서부아동보호전문기관	051–711–1391
부산광역시아동보호전문기관	051–791–1391
부산동부아동보호전문기관	051–715–1391
– 제주	
제주특별자치도아동보호전문기관	064–712–1391~2
서귀포시아동보호전문기관	064–732–1391
〈아동학대예방센터〉	
서울특별시아동학대예방센터	02–2040–4242
서울동부아동학대예방센터	02–2247–1391
서울강서아동학대예방센터	02–3665–5184
서울은평아동학대예방센터	02–3157–1391
서울영등포아동학대예방센터	02–842–0094
서울성북아동학대예방센터	02–923–5440
서울마포아동학대예방센터	02–422–1391
서울동남권아동학대예방센터	02–474–1391
〈아동학대예방협회_민간단체〉 – 서울	
서울시 강동구 지회	010–7169–7851
서울시 강서구 지회	010–5239–7334
서울시 강북구 지회	011–790–7707
서울시 구로구 지회	010–6747–0101
서울시 관악구 지회	02–884–2795, 010–6265–2745
서울 강북구 수유 지회	010–5001–7299
서울시 금천구 지회	010–3207–7932
서울시 노원구 지회	010–5084–8425

기관명	연락처
서울시 동대문구 이문지회	010 – 7302 – 1122
서울시 동대문구 지회	010 – 2322 – 5258
서울시 동작구 지회	010 – 3780 – 5874, 02 – 826 – 4916
서울시 동작구 상도 지회	010 – 8728 – 1366
서울시 서대문구 지회	010 – 5313 – 0655
서울시 송파구 지회	010 – 5280 – 1497
서울시 양천구 지회	010 – 8745 – 3644
서울시 영등포구 지회	010 – 6656 – 8309
서울시 용산구 지회	010 – 3383 – 7413
서울시 서초구 지회	02 – 599 – 6009, 010 – 4728 – 5591
서울시 성북구 지회	02 – 599 – 6009, 010 – 4728 – 5591
서울시 성동구 지회	02 – 2297 – 1896, 010 – 9377 – 1896
서울시 중랑구 지회	010 – 3288 – 3010
서울시 강남구 지회	010 – 2848 – 1215
– 인천	
인천광역시 중구 지부	010 – 3225 – 8938
– 경기도	
경기도 지부	031 – 654 – 7797, 010 – 9475 – 7787
경기도 고양시 지회	010 – 8280 – 0699
경기도 광명시 지회	010 – 8327 – 9819
경기도 일산시 서구 지회	010 – 2571 – 0192
경기도 이천시 지회	02 – 2201 – 6501, 010 – 2555 – 7111
경기도 안양시 지회	010 – 7316 – 1569
경기도 안산시 지회	010 – 2055 – 1569
경기도 용인시 지회	031 – 282 – 2221, 010 – 8921 – 2526
경기도 수원시 지회	010 – 6280 – 8596
경기도 수원시 권선구 지회	031 – 237 – 1515, 010 – 2004 – 8281
경기도 수원시 영통구 지회	031 – 216 – 1159

기관명	연락처
경기도 수원시 장안구 지회	010 – 9282 – 9892
경기도 수원시 팔달구 지회	010 – 5350 – 7919
경기도 성남시 지회	031 – 781 – 2611
경기도 오산시 지회	010 – 6727 – 4447
경기도 부천시 지회	010 – 8744 – 4957
경기도 평택시 비전 지회	010 – 3337 – 3044
경기도 성남시 분당구 지회	010 – 8216 – 5777
경기도 화성시 지회	031 – 226 – 2004, 010 – 2599 – 7685
경기도 화성시 남부지회	031 – 221 – 1190, 010 – 2375 – 1190
경기도 화성시 서부지부	031 – 227 – 7268, 010 – 4023 – 7218
경기도 화성시 동부지회	010 – 2842 – 7656
경기도 화성 서남부지회	010 – 5006 – 9861
경기도 화성 북부지회	010 – 7477 – 5713
경기도 화성시 화성융건지회 지회장	010 – 3310 – 2075
– 경상남도	
경상남도 함안 지회	055 – 582 – 7589, 010 – 3066 – 7099
– 경상북도	
경상북도 지부	054 – 532 – 1473
– 전라북도	
전북지회	010 – 4001 – 1010
– 전라남도	
전라남도 광주시 남구 지회	010 – 2214 – 4800
– 충청남도	
충청남도 지부	041 – 545 – 6521, 010 – 5451 – 6522
충청남도 보령시 지회	041 – 935 – 0160
충청남도 예산시 지회	041 – 335 – 1961, 010 – 2519 – 8474
충청남도 태안군 지부	010 – 9699 – 7179

기관명	연락처
− 강원도	
강원도 지부	033−255−1387 010−9589−8079
− 울산	
울산광역시 울산 지부	010−2562−1455
울산광역시 울주군 지회	010−9311−4830
m− 제주	
제주특별자치도 지부	064−725−1200, 010−3751−2864

청소년 관련 기관

기관명	연락처
에듀넷 도란도란 학교폭력예방	117
청소년 사이버상담센터	1388
청예단 학교폭력SOS지원단	02−598−1640
탁틴내일(아동청소년성폭력상담소)	02−3141−6191
〈청소년상담복지센터〉	
서울특별시청소년상담복지센터	02−2285−1318
서울강남구청소년상담복지센터	02−2226−8555
서울강동구청소년상담복지센터	070−8819−1388
서울강북구청소년상담복지센터	02−6715−6661
서울강서구청소년상담복지센터	02−2061−8998
서울관악구청소년상담복지센터	02−872−1318
서울광진구청소년상담복지센터	02−2205−2300
서울구로구청소년상담복지센터	02−852−1319
서울금천구청소년상담복지센터	02−803−1873
서울노원구청소년상담복지센터	02−2091−1387
서울도봉구청소년상담복지센터	02−950−9641
서울동대문구청소년상담복지센터	02−2236−1377
서울동작구청소년상담복지센터	02−845−1388
서울마포구청소년상담복지센터	02−3153−5982
서울서대문구청소년상담복지센터	02−3141−1318
서울서초구청소년상담복지센터	02−586−9128
서울성동구청소년상담복지센터	02−2299−1388
서울성북구청소년상담복지센터	02−3292−1779
서울송파구청소년상담복지센터	02−449−7173
서울양천구청소년상담복지센터	02−2646−8341
서울영등포구청소년상담복지센터	02−2676−6114
서울용산구청소년상담복지센터	02−716−1318
서울은평구청소년상담복지센터	02−384−1318
서울종로구청소년상담복지센터	02−762−1318

기관명	연락처
서울중랑구청소년상담복지센터	02−496−1895
부산광역시청소년상담복지센터	051−804−5001~2
부산금정구청소년상담복지센터	051−581−2084
부산기장군청소년상담복지센터	051−792−4880
부산남구청소년상담복지센터	051−621−1389
부산동래구청소년상담복지센터	051−555−1387
부산북구청소년상담복지센터	051−343−1388
부산사하구청소년상담복지센터	051−207−7169
부산서구청소년상담복지센터	051−714−3013
부산수영구청소년상담복지센터	051−759−8413
부산영도구청소년상담복지센터	051−405−5605
부산진구청소년상담복지센터	051−868−0956
부산해운대구청소년상담복지센터	051−731−4046
사상구청소년상담복지센터	051−327−1388
대구광역시청소년상담복지센터	053−659−6240
대구남구청소년상담복지센터	053−624−0996
대구달서구청소년상담복지센터	053−638−1388
대구달성군청소년상담복지센터	053−614−1388
대구동구청소년상담복지센터	053−984−1319
대구북구청소년상담복지센터	053−324−7388
대구서구청소년상담복지센터	053−562−1388
대구수성구청소년상담복지센터	053−759−1388
대구중구청소년상담복지센터	053−423−1377
인천광역시청소년상담복지센터	032−429−0394
인천계양구청소년상담복지센터	032−547−0855
인천남동구청소년상담복지센터	032−469−7197
인천동구청소년상담복지센터	032−777−1388
인천미추홀구청소년상담복지센터	032−862−8751
인천부평구청소년상담복지센터	032−509−8916
인천서구청소년상담복지센터	032−584−1388
인천연수구청소년상담복지센터	032−818−0358

기관명	연락처
인천중구청소년상담복지센터	032－773－1317
광주광역시청소년상담복지센터	062－226－8181
광주광산구청소년상담복지센터	062－943－1388
광주남구청소년상담복지센터	062－675－1388
광주동구청소년상담복지센터	062－229－3308
광주북구청소년상담복지센터	062－251－1388
광주서구청소년상담복지센터	062－375－1388
대전광역시청소년상담복지센터	042－257－6577
대전서구청소년상담복지센터	042－527－1112 ~3
대전유성구청소년상담복지센터	042－824－3454
경기도청소년상담복지센터	031－248－1318
가평군청소년상담복지센터	031－581－0397
고양시청소년상담복지센터	031－979－1318
과천시청소년상담복지센터	02－504－1388
광명시립청소년상담복지센터	02－809－2000
광주시청소년상담복지센터	031－760－2219
구리시청소년상담복지센터	031－557－2000
군포시청소년상담복지센터	031－397－1388
김포시청소년상담복지센터	031－984－1388
남양주시청소년상담복지센터(본소)	031－590－8097 ~8, 031－590－8971 ~2
남양주시청소년상담복지센터(동부분소)	031－590－8403, 8404
남양주시청소년상담복지센터(북부분소)	031－590－8979, 8980
동두천시청소년상담복지센터	031－861－1388
부천시청소년상담복지센터(본소)	032－325－3002
부천시청소년상담복지센터(분소_소사센터)	032－325－3002
부천시청소년상담복지센터(오정분소)	032－325－3002
성남시청소년상담복지센터	031－756－1388

기관명	연락처
수원시청소년상담복지센터(팔달)	031－218－0446
수원시청소년상담복지센터(장안)	031－242－1318
수원시청소년상담복지센터(영통)	031－215－1318
수원시청소년상담복지센터(권선)	031－236－1318
수원시청소년상담복지센터(광교)	031－216－8354
수원시청소년상담복지센터(칠보)	031－278－6862
시흥시청소년상담복지센터	031－318－7100
안산시청소년상담복지센터	031－414－1318
안성시청소년상담복지센터	031－676－1318
안양시청소년상담복지센터	031－446－0242
양주시청소년상담복지센터	031－858－1318
양평군청소년상담복지센터	031－775－1318
여주시청소년상담복지센터	031－882－8889
연천군청소년상담복지센터	031－832－4452
오산시청소년상담복지센터	031－372－4004
용인시청소년상담복지센터	031－324－9300
의왕시청소년상담복지센터	031－452－1388
의정부시청소년상담복지센터(본소)	031－873－1388
의정부시청소년상담복지센터(호원분소)	031－873－1388
이천시청소년상담복지센터	031－632－7099
파주시청소년상담복지센터	031－946－0022
평택시청소년상담복지센터	031－656－1383
포천시청소년상담복지센터(본소)	031－533－1318
포천시청소년상담복지센터(포천분소)	031－536－1388
하남시청소년상담복지센터	031－790－6680
화성시청소년상담복지센터(본소)	031－225－1318, 031－225－0924
화성시청소년상담복지센터(향남분소)	031－225－1318, 031－225－0924
강원도청소년상담복지센터	033－256－9803, 033－256－9804
강릉시청소년상담복지센터	033－646－7942

기관명	연락처
동해시청소년상담복지센터	033－535－1388
속초시청소년상담복지센터	033－638－1388
영월군청소년상담복지센터	033－375－1318
원주시청소년상담복지센터	033－744－1388
정선군청소년상담복지센터	033－591－1313
철원군청소년상담복지센터	033－452－2000
춘천시청소년상담복지센터	033－818－1388
태백시청소년상담복지센터	033－582－1377
홍천군청소년상담복지센터	033－433－1386
횡성군청소년상담복지센터	033－344－1388
충청북도청소년상담복지센터	043－258－2000
괴산군청소년상담복지센터	043－830－3826
단양군청소년상담복지센터	043－421－8370
보은군청소년상담복지센터	043－542－1388
서청주청소년상담복지센터	043－297－1388
영동군청소년상담복지센터	043－744－5700
옥천군청소년상담복지센터	043－731－1388
음성군청소년상담복지센터	043－873－1318
제천시청소년상담복지센터	043－642－7949
증평군청소년상담복지센터	043－835－4188
진천군청소년상담복지센터	043－536－3430
청주시청소년상담복지센터	043－275－1388
충주시청소년상담복지센터	043－842－2007
충청남도청소년상담복지센터	041－554－2130
계룡시청소년상담복지센터	042－551－1318
공주시청소년상담복지센터	041－856－1388
금산군청소년상담복지센터	041－751－2007
논산시청소년상담복지센터	041－736－2041
당진시청소년상담복지센터	041－357－2000
보령시청소년상담복지센터	041－936－5710
부여군청소년상담복지센터	041－836－1898
서산시청소년상담복지센터	041－669－2000
서천군청소년상담복지센터	041－953－4040
아산시청소년상담복지센터	041－532－2000
예산군청소년상담복지센터	041－335－1388

기관명	연락처
천안시청소년상담복지센터	041－622－1388
청양군청소년상담복지센터	041－942－9596
태안군청소년상담복지센터	041－674－2800
홍성군청소년상담복지센터	041－634－4858
전라북도청소년상담복지센터	063－276－6291
고창군청소년상담복지센터	063－563－6792
군산시청소년상담복지센터	063－466－1388
김제시청소년상담복지센터	063－544－1377
남원시청소년상담복지센터	063－635－1388
무주군청소년상담복지센터	063－323－7717
부안군청소년상담복지센터	063－583－8772
순창군청소년상담복지센터	063－653－4646
완주군청소년상담복지센터	063－291－7373
익산시청소년상담복지센터	063－852－1388
임실군청소년상담복지센터	063－644－1388
장수군청소년상담복지센터	063－351－5161
전주시청소년상담복지센터	063－236－1388
정읍시청소년상담복지센터	063－531－3000
진안군청소년상담복지센터	063－433－2377
전라남도청소년상담복지센터	061－280－9001
강진군청소년상담복지센터	061－432－1388
고흥군청소년상담복지센터	061－834－1317 ~8
곡성군청소년상담복지센터	061－363－9584
광양시청소년상담복지센터	061－795－1388
구례군청소년상담복지센터	061－782－0884
나주시청소년상담복지센터	061－334－1388
담양군청소년상담복지센터	061－381－1386
목포시청소년상담복지센터	061－272－2440
무안군청소년상담복지센터	061－454－5284
보성군청소년상담복지센터	061－853－1388
순천시청소년상담복지센터	061－745－1388
신안군청소년상담복지센터	061－240－8703
여수시청소년상담복지센터	061－663－2000
영광군청소년상담복지센터	061－353－1388

기관명	연락처
영암군청소년상담복지센터	061-471-8375
완도군청소년상담복지센터	061-554-1318
장성군청소년상담복지센터	061-817-1388
장흥군청소년상담복지센터	061-863-1318
진도군청소년상담복지센터	061-544-5122
함평군청소년상담복지센터	061-323-1324
해남군청소년상담복지센터	061-537-1388
화순군청소년상담복지센터	061-375-7442
경상북도청소년상담복지센터	054-1388
경산시청소년상담복지센터	053-812-1318
경주시청소년상담복지센터	054-742-1388
고령군청소년상담복지센터	054-956-1383
구미시청소년상담복지센터	054-443-1387
군위군청소년상담복지센터	054-382-1388
김천시청소년상담복지센터	054-435-1388
문경시청소년상담복지센터	054-556-1389
봉화군청소년상담복지센터	054-674-1388
상주시청소년상담복지센터	054-535-3511
성주군청소년상담복지센터	054-931-1398
안동시청소년상담복지센터	054-859-1318
영덕군청소년상담복지센터	054-732-1318
영주시청소년상담복지센터	054-634-1318
영천시청소년상담복지센터	054-338-1388
예천군청소년상담복지센터	054-654-9901
울진군청소년상담복지센터	054-781-0079
의성군청소년상담복지센터	054-834-7933
청도군청소년상담복지센터	054-373-1610
청송군청소년상담복지센터	054-872-7626
칠곡군청소년상담복지센터	054-971-0418
포항시청소년상담복지센터	054-252-0020
경상남도청소년지원재단	055-711-1388
거제시청소년상담복지센터	055-636-2000
거창군청소년상담복지센터	055-941-2000
고성군청소년상담복지센터	055-673-6882
김해시청소년상담복지센터(본소)	055-325-2000

기관명	연락처
김해시청소년상담복지센터(서부)	055-330-7920
남해군청소년상담복지센터	055-863-5279
밀양시청소년상담복지센터	055-355-2000
사천시청소년상담복지센터	055-835-4199
산청군청소년상담복지센터	055-973-8423
양산시청소년상담복지센터(본소)	055-372-2000
양산시청소년상담복지센터(웅상분소)	055-367-1318
의령군청소년상담복지센터	055-570-2427
진주시청소년상담복지센터	055-744-2000
창녕군청소년상담복지센터	055-532-2000
창원시마산청소년상담복지센터	055-245-7941, 055-245-7925
창원시진해청소년상담복지센터	055-551-2000
창원시창원청소년상담복지센터	055-273-2000
통영시청소년상담복지센터	055-644-2000
하동군청소년상담복지센터	055-883-3000
함안군청소년상담복지센터	055-583-0924
함양군청소년상담복지센터	055-963-7922
합천군청소년상담복지센터	055-932-5499
울산광역시청소년상담복지센터	052-1388
울산남구청소년상담복지센터	052-291-1388
울산동구청소년상담복지센터	052-233-5279
울산북구청소년상담복지센터	052-283-1388
울산울주군청소년상담복지센터	052-229-1388
세종특별자치시청소년상담복지센터	044-867-2022
제주특별자치도청소년상담복지센터	064-759-9951
서귀포시청소년상담복지센터	064-763-9191
제주시청소년상담복지센터	064-725-7999
〈Wee센터〉 - 서울	
북부Wee센터	02-949-7887
서부Wee센터	02-390-5585

기관명	연락처
서울통합Wee센터	02－3999－505
성동광진Wee센터	02－2205－3633
성북강북Wee센터	02－917－7887
중부Wee센터	02－722－7887
학업중단예방Wee센터	02－3999－098
강남서초Wee센터	02－3444－7887
강동송파Wee센터	02－3431－7887
강서양천Wee센터	02－2665－7179
남부SOS통합Wee센터	02－864－8416
남부Wee센터	02－2677－7887
남부교육지원청 꿈세움Wee센터	02－2625－9128
동부Wee센터	02－2233－7883
동작관악Wee센터	02－884－7887
마음이랑 Wee센터	02－2297－7887
밝음이랑Wee센터	02－853－2460
－ 경기	
가평교육지원청Wee센터	031－580－5174
고양교육지원청Wee센터	031－901－9173
광명교육지원청Wee센터	02－2610－1472
광주하남교육지원청Wee센터	031－760－4092
구리남양주교육지원청Wee센터	031－550－6132
군포의왕교육지원청Wee센터	031－390－1113
김포교육지원청Wee센터	031－985－3986
동두천양주교육지원청Wee센터	031－860－4354
부천교육지원청Wee센터	070－7099－2175
성남교육지원청Wee센터	031－780－2655
수원교육지원청Wee센터	031－246－0818
시흥교육지원청Wee센터	031－488－2417
안산교육지원청Wee센터	031－508－5805
안성교육지원청Wee센터	031－678－5285
안양과천교육지원청Wee센터	031－380－7070
양평교육지원청Wee센터	031－770－5284
여주교육지원청Wee센터	031－883－2795

기관명	연락처
연천교육지원청Wee센터	031－839－0129
용인교육지원청Wee센터	031－889－5890
의정부교육지원청Wee센터	031－820－0093
이천교육지원청Wee센터	031－639－5638
파주교육지원청Wee센터	070－4918－2422
평택교육지원청Wee센터	031－665－0806
포천교육지원청Wee센터	031－539－0026
화성오산교육지원청Wee센터	031－371－0658
－ 인천	
강화교육지원청Wee센터	032－930－7820
남부교육지원청Wee센터	032－764－7179
동부교육지원청Wee센터	032－460－6371
북부교육지원청Wee센터	032－510－5467
서부교육지원청Wee센터	032－555－7179
인천광역시교육청Wee센터	032－432－7179
－ 충남	
공주교육지원청Wee센터	041－850－2339
금산교육지원청Wee센터	041－750－8813
논산계룡교육지원청Wee센터	041－730－7146
당진교육지원청Wee센터	041－351－2534
보령교육지원청 Wee센터	041－930－6380
부여교육지원청Wee센터	041－830－8290
서산교육지원청Wee센터	041－660－0347
서천교육지원청Wee센터	041－951－9435
아산교육지원청Wee센터	041－539－2480
예산교육지원청Wee센터	041－330－3671
천안교육지원청Wee센터	041－629－0401
청양교육지원청Wee센터	041－940－4490
태안교육지원청Wee센터	041－670－8252
홍성교육지원청Wee센터	041－630－5553
－ 충북	
괴산증평교육지원청Wee센터	043－830－5079
단양교육지원청Wee센터	043－420－6121
보은교육지원청Wee센터	043－540－5556
영동교육지원청Wee센터	043－740－7725

기관명	연락처
옥천교육지원청Wee센터	043－731－5062
음성교육지원청Wee센터	043－872－3351
제천교육지원청Wee센터	043－653－0179
진천교육지원청Wee센터	043－530－5361
청주교육지원청Wee센터	043－270－5853
충주교육지원청Wee센터	043－845－0252
－ 대전	
대전시교육청 Wee센터	042－480－7878
동부교육지원청Wee센터	042－229－1250
서부교육지원청Wee센터	042－530－1004
－ 전남	
강진교육지원청Wee센터	061－430－1533
고흥교육지원청Wee센터	061－830－2074
곡성교육지원청Wee센터	061－362－3994
광양교육지원청Wee센터	061－762－2821
구례교육지원청Wee센터	061－780－6690
나주교육지원청Wee센터	061－337－7179
담양교육지원청Wee센터	061－383－7179
목포교육지원청Wee센터	061－280－6624
무안교육지원청Wee센터	061－450－7025
보성교육지원청Wee센터	061－850－7125
순천교육지원청Wee센터	061－729－7779
신안교육지원청Wee센터	061－240－3690
여수교육지원청Wee센터	061－690－0833
영광교육지원청Wee센터	061－350－6645
영암교육지원청Wee센터	061－470－4135
완도교육지원청Wee센터	061－550－0575
장성교육지원청Wee센터	061－390－6195
장흥교육지원청Wee센터	061－860－1294
진도교육지원청Wee센터	061－540－5115
함평교육지원청Wee센터	061－320－6631
해남교육지원청Wee센터	061－530－1147
화순교육지원청Wee센터	061－370－7196
－ 전북	
고창교육지원청Wee센터	063－560－1616

기관명	연락처
군산교육지원청Wee센터	063－450－2680
김제교육지원청Wee센터	063－540－2551
남원교육지원청Wee센터	063－635－8530
무주교육지원청Wee센터	063－324－3399
부안교육지원청Wee센터	063－580－7448
순창교육지원청Wee센터	063－650－6322
완주교육지원청Wee센터	063－270－7696
익산교육지원청 제1 Wee센터	063－850－8990
익산교육지원청 제2 Wee센터	063－852－4501
임실교육지원청Wee센터	063－640－3571
장수교육지원청Wee센터	063－350－5226
전주교육지원청덕진Wee센터	063－253－9214
전주교육지원청완산Wee센터	063－253－9523
정읍교육지원청Wee센터	063－530－3080
진안교육지원청Wee센터	063－430－6294
－ 광주	
동부교육지원청Wee센터	062－605－5700
서부교육지원청Wee센터	062－600－9816
서부교육지원청광산Wee센터	062－974－0078
－ 경남	
거제교육지원청Wee센터	055－636－9673
거창교육지원청Wee센터	055－940－6191
고성교육지원청Wee센터	055－673－3801
김해교육지원청Wee센터	070－8767－7571
남해교육지원청Wee센터	055－864－3653
밀양교육지원청Wee센터	055－350－1494
사천교육지원청Wee센터	055－830－1544
산청교육지원청Wee센터	055－970－3037
양산교육지원청Wee센터	055－379－3053
의령교육지원청Wee센터	055－570－7131
진주교육지원청Wee센터	055－740－2091
창녕교육지원청Wee센터	055－530－3505
창원교육지원청Wee센터	055－210－0461
통영교육지원청Wee센터	055－650－8025
하동교육지원청Wee센터	055－880－1952

기관명	연락처
함안교육지원청Wee센터	055－580－8048
함양교육지원청Wee센터	055－960－2723
합천교육지원청Wee센터	055－930－7060
－ 경북	
경산교육지원청Wee센터	053－810－7508
경주교육지원청Wee센터	054－743－7142
고령교육지원청Wee센터	054－950－2592
구미교육지원청Wee센터	054－465－6279
군위교육지원청Wee센터	054－380－8240
김천교육지원청Wee센터	054－420－5288
문경교육지원청Wee센터	054－550－5531
봉화교육지원청Wee센터	054－679－1790
상주교육지원청Wee센터	054－531－9940
성주교육지원청Wee센터	054－930－2075
안동교육지원청Wee센터	054－859－9501
영덕교육지원청Wee센터	054－730－8015
영양교육지원청Wee센터	054－680－2281
영주교육지원청Wee센터	054－630－4214
영천교육지원청Wee센터	054－330－2328
예천교육지원청Wee센터	054－650－2552
울릉교육지원청Wee센터	054－790－3032
울진교육지원청Wee센터	054－782－9915
의성교육지원청Wee센터	054－830－1125
청도교육지원청Wee센터	054－370－1122
청송교육지원청Wee센터	054－874－9360
칠곡교육지원청Wee센터	054－979－2129
포항교육지원청Wee센터	054－244－2090
－ 대구	
경북Wee센터	053－326－9279
남부교육지원청Wee센터	053－234－0151
달성교육지원청Wee센터	053－235－0060
대구가톨릭Wee센터	053－654－1388
대동Wee센터	053－746－7380
동부교육지원청Wee센터	053－232－0022
동산Wee센터	053－431－0288

기관명	연락처
서부교육지원청Wee센터	053－233－0023
영남Wee센터	053－217－2323
－ 세종	
세종시교육청 세종아람Wee센터	044－715－7979
세종시교육청Wee센터	044－320－2470
－ 강원	
강릉교육지원청Wee센터	033－640－1280
고성교육지원청Wee센터	033－680－6025
동해교육지원청Wee센터	033－530－3035
삼척교육지원청Wee센터	033－570－5104
속초양양교육지원청Wee센터	033－639－6054
양구교육지원청Wee센터	033－482－8753
영월교육지원청Wee센터	033－370－1133
원주교육지원청Wee센터	033－760－5691
인제교육지원청Wee센터	033－460－1005
정선교육지원청Wee센터	033－562－5877
철원교육지원청Wee센터	033－452－1007
춘천교육지원청Wee센터	033－259－1691
태백교육지원청 Wee센터	033－581－0804
평창교육지원청Wee센터	033－330－1794
홍천교육지원청Wee센터	033－433－9232
화천교육지원청Wee센터	033－441－9924
횡성교육지원청Wee센터	033－340－0382
－ 부산	
남부교육지원청Wee센터	051－640－0205
동래교육지원청Wee센터	051－801－9190
북부교육지원청Wee센터	051－330－1361
서부교육지원청Wee센터	051－244－3266
해운대교육지원청Wee센터	051－709－0483
－ 제주	
서귀포시교육지원청Wee센터	064－730－8181
제주시교육청Wee센터	064－754－1252

기관명	연락처
〈학교밖 청소년 지원센터〉 – 서울	
용산구 청소년지원센터 꿈드림	02–706–1318
중랑구 청소년지원센터 꿈드림	02–490–0222
강북구 청소년지원센터 꿈드림	02–6715–6665, 6667
도봉구 청소년지원센터 꿈드림	02–950–9646
서울특별시 청소년지원센터 꿈드림	02–2285–1318
노원구 청소년지원센터 꿈드림	02–2091–1388
광진구 청소년지원센터 꿈드림	02–2205–2300
성북구 청소년지원센터 꿈드림	02–3292–1780
동대문구 청소년지원센터 꿈드림	02–2237–1318
중구 청소년지원센터 꿈드림	02–2250–0543
성동구 청소년지원센터 꿈드림	02–2299–1388
은평구 청소년지원센터 꿈드림	02–384–1318
서대문구 청소년지원센터 꿈드림	02–3141–1388
마포구 청소년지원센터 꿈드림	02–3153–5900
강서구 청소년지원센터 꿈드림	02–3662–1388
구로구 청소년지원센터 꿈드림	02–863–1318
금천구 청소년지원센터 꿈드림	02–803–1873
영등포구 청소년지원센터 꿈드림	02–2637–1318
동작구 청소년지원센터 꿈드림	02–834–1358
관악구 청소년지원센터 꿈드림	02–877–9400
서초구 청소년지원센터 꿈드림	070–4858–1837 ~8
강남구 청소년지원센터 꿈드림	02–2226–8555
송파구 청소년지원센터 꿈드림	02–3402–1318
강동구 청소년지원센터 꿈드림	02–6252–1388
양천구 청소년지원센터 꿈드림	02–2645–1318
– 경기	
경기도 청소년지원센터 꿈드림	031–253–1519
고양시 청소년지원센터 꿈드림	031–970–4032
가평군 청소년지원센터 꿈드림	031–582–2000
과천시 청소년지원센터 꿈드림	02–2150–3991
광명시 청소년지원센터 꿈드림	02–6677–1318

기관명	연락처
광주시 청소년지원센터 꿈드림	031–760–8741
구리시 청소년지원센터 꿈드림	031–565–1388
군포시 청소년지원센터 꿈드림	031–399–1366
김포시 청소년지원센터 꿈드림	031–980–1691 ~6
남양주시 청소년지원센터 꿈드림	031–590–3951
동두천시 청소년지원센터 꿈드림	031–865–2000
부천시 청소년지원센터 꿈드림	032–325–3002
성남시 청소년지원센터 꿈드림	031–729–9171 ~6
수원시 청소년지원센터 꿈드림	031–236–1318
시흥시 청소년지원센터 꿈드림	031–318–7100
안산시 청소년지원센터 꿈드림	031–414–1318
안성시 청소년지원센터 꿈드림	070–7458–1311
안양시 청소년지원센터 꿈드림	031–8045–5012
양주시 청소년지원센터 꿈드림	031–8082–4121
양평군 청소년지원센터 꿈드림	031–775–1317
여주시 청소년지원센터 꿈드림	031–882–8889
오산시 청소년지원센터 꿈드림	031–372–4004
용인시 청소년지원센터 꿈드림	031–328–9840
의왕시 청소년지원센터 꿈드림	031–459–1334
의정부시 청소년지원센터 꿈드림	031–828–9571
이천시 청소년지원센터 꿈드림	031–634–2777
파주시 청소년지원센터 꿈드림	031–946–0022
평택시 청소년지원센터 꿈드림	031–692–1306 ~8
포천시 청소년지원센터 꿈드림	031–538–3398
하남시 청소년지원센터 꿈드림	031–790–6304 ~5
화성시 청소년지원센터 꿈드림	031–278–0179
– 인천	
인천광역시 청소년지원센터 꿈드림	032–721–2300
계양구 청소년지원센터 꿈드림	032–547–0853

기관명	연락처
미추홀구 청소년지원센터 꿈드림	032-868-9846~7
남동구 청소년지원센터 꿈드림	032-453-5877~8
동구 청소년지원센터 꿈드림	032-777-1383
연수구 청소년지원센터 꿈드림	032-822-9840~1
중구 청소년지원센터 꿈드림	032-765-1009
서구 청소년지원센터 꿈드림	032-584-1387
부평구 청소년지원센터 꿈드림	032-509-8916
- 충청북도	
충청북도 청소년지원센터 꿈드림	043-257-0105~6
청주시 청소년지원센터 꿈드림	043-223-0753
서청주 청소년지원센터 꿈드림	043-264-8807~8
충주시 청소년지원센터 꿈드림	043-842-2007
제천시 청소년지원센터 꿈드림	043-642-7949
괴산군 청소년지원센터 꿈드림	043-830-3828
단양군 청소년지원센터 꿈드림	043-421-8370
보은군 청소년지원센터 꿈드림	043-542-1388
영동군 청소년지원센터 꿈드림	043-744-5700
옥천군 청소년지원센터 꿈드림	043-731-1388
음성군 청소년지원센터 꿈드림	043-872-9024
증평군 청소년지원센터 꿈드림	043-835-4193
진천군 청소년지원센터 꿈드림	043-536-3430
- 충청남도	
충청남도 청소년지원센터 꿈드림	041-554-1380
천안시 청소년지원센터 꿈드림	041-523-1318
공주시 청소년지원센터 꿈드림	041-854-7942
보령시 청소년지원센터 꿈드림	041-935-1388
아산시 청소년지원센터 꿈드림	041-544-1388
서산시 청소년지원센터 꿈드림	041-669-2000
논산시 청소년지원센터 꿈드림	041-736-2041
계룡시 청소년지원센터 꿈드림	042-841-0343
당진시 청소년지원센터 꿈드림	041-360-6961

기관명	연락처
금산군 청소년지원센터 꿈드림	041-751-1383
서천군 청소년지원센터 꿈드림	041-953-4040
청양군 청소년지원센터 꿈드림	041-942-1387
홍성군 청소년지원센터 꿈드림	041-642-1388
예산군 청소년지원센터 꿈드림	041-335-1388
태안군 청소년지원센터 꿈드림	041-674-2800
- 대전	
대전광역시 청소년지원센터 꿈드림	042-222-1388
서구 청소년지원센터 꿈드림	042-527-1388
유성구 청소년지원센터 꿈드림	042-826-1388
- 세종	
세종특별시 청소년지원센터 꿈드림	044-868-1318
- 전라북도	
전라북도 청소년지원센터 꿈드림	063-273-1388
김제시 청소년지원센터 꿈드림	063-545-0112
정읍시 청소년지원센터 꿈드림	063-531-3000
전주시 청소년지원센터 꿈드림	063-227-1005
무주군 청소년지원센터 꿈드림	063-324-6688
완주군 청소년지원센터 꿈드림	063-291-3303
익산시 청소년지원센터 꿈드림	063-852-1388
군산시 청소년지원센터 꿈드림	063-468-2870
순창군 청소년지원센터 꿈드림	063-652-1388
남원시 청소년지원센터 꿈드림	063-633-1977
- 전라남도	
나주시 청소년지원센터 꿈드림	061-335-1388
전라남도 청소년지원센터 꿈드림	061-242-7474
목포시 청소년지원센터 꿈드림	061-284-0924
여수시 청소년지원센터 꿈드림	070-8824-1318
순천시 청소년지원센터 꿈드림	061-749-4236
광양시 청소년지원센터 꿈드림	061-795-7008
담양군 청소년지원센터 꿈드림	061-381-1382
곡성군 청소년지원센터 꿈드림	061-363-9586
보성군 청소년지원센터 꿈드림	061-853-1381

기관명	연락처
강진군 청소년지원센터 꿈드림	061－432－1388
해남군 청소년지원센터 꿈드림	061－537－1318
무안군 청소년지원센터 꿈드림	061－454－5285
함평군 청소년지원센터 꿈드림	061－323－9995
영광군 청소년지원센터 꿈드림	061－353－6188
장성군 청소년지원센터 꿈드림	061－393－1387
신안군 청소년지원센터 꿈드림	061－240－8703
－ 광주	
광주광역시 청소년지원센터 꿈드림	062－376－1324
동구 청소년지원센터 꿈드림	062－673－1318
서구 청소년지원센터 꿈드림	062－710－1388
남구 청소년지원센터 꿈드림	062－716－1324
북구 청소년지원센터 꿈드림	062－268－1318
광산구 청소년지원센터 꿈드림	062－951－1378
－ 경상북도	
칠곡군 청소년지원센터 꿈드림	054－971－0425
고령군 청소년지원센터 꿈드림	054－956－1320
봉화군 청소년지원센터 꿈드림	054－674－1318
경상북도 청소년지원센터 꿈드림	054－850－1003
포항시 청소년지원센터 꿈드림	054－240－9171
경주시 청소년지원센터 꿈드림	054－760－7744~5
김천시 청소년지원센터 꿈드림	054－431－2009
안동시 청소년지원센터 꿈드림	054－841－7937
구미시 청소년지원센터 꿈드림	054－472－2000, 1388
영주시 청소년지원센터 꿈드림	054－639－5865
영천시 청소년지원센터 꿈드림	054－338－2000
상주시 청소년지원센터 꿈드림	054－537－6723~4
문경시 청소년지원센터 꿈드림	054－550－6600
경산시 청소년지원센터 꿈드림	053－815－4106
울진군 청소년지원센터 꿈드림	054－789－5436

기관명	연락처
－ 경상남도	
창녕군 청소년지원센터 꿈드림	055－532－2000
창원시 마산 청소년지원센터 꿈드림	055－225－7293
경상남도 청소년지원센터 꿈드림	055－711－1336
창원시 청소년지원센터 꿈드림	055－225－3893~4
진주시 청소년지원센터 꿈드림	055－744－8484
통영시 청소년지원센터 꿈드림	055－644－2000
사천시 청소년지원센터 꿈드림	055－832－7942
김해시 청소년지원센터 꿈드림	055－324－9190
밀양시 청소년지원센터 꿈드림	055－352－0924
거제시 청소년지원센터 꿈드림	055－639－4980
양산시 청소년지원센터 꿈드림(본소)	055－372－2000
양산시 청소년지원센터 꿈드림(웅상분소)	055－367－1318
의령군 청소년지원센터 꿈드림	055－573－1388
함안군 청소년지원센터 꿈드림	055－583－0921
고성군 청소년지원센터 꿈드림	055－670－2921
남해군 청소년지원센터 꿈드림	055－864－7962
하동군 청소년지원센터 꿈드림	055－884－3001
산청군 청소년지원센터 꿈드림	055－970－6591
함양군 청소년지원센터 꿈드림	055－963－7922
거창군 청소년지원센터 꿈드림	055－940－3969
합천군 청소년지원센터 꿈드림	055－930－3911
－ 대구	
대구광역시 청소년지원센터 꿈드림	053－431－1388~7
중구 청소년지원센터 꿈드림	053－422－2121
동구 청소년지원센터 꿈드림	053－963－9400
서구 청소년지원센터 꿈드림	053－216－8310
남구 청소년지원센터 꿈드림	053－652－5656
북구 청소년지원센터 꿈드림	053－384－6985
수성구 청소년지원센터 꿈드림	053－666－4205~6

기관명	연락처
달서구 청소년지원센터 꿈드림	053-592-1378
달성군 청소년지원센터 꿈드림	053-617-1388
- 강원도	
속초시 청소년지원센터 꿈드림	033-635-0924
강원도 청소년지원센터 꿈드림	033-257-9805
강릉시 청소년지원센터 꿈드림	033-655-1388
동해시 청소년지원센터 꿈드림	033-535-1038
영월군 청소년지원센터 꿈드림	033-375-1318
원주시 청소년지원센터 꿈드림	033-813-1318, 1319
정선군 청소년지원센터 꿈드림	033-591-1311
철원군 청소년지원센터 꿈드림	033-450-5388
홍천군 청소년지원센터 꿈드림	033-432-1386
춘천시청소년지원센터 꿈드림	033-818-1318
- 울산	
울산광역시 청소년지원센터 꿈드림	052-227-2000
남구 청소년지원센터 꿈드림	052-291-1388
동구 청소년지원센터 꿈드림	052-232-5900
울주군 청소년지원센터 꿈드림	052-229-9634~5
북구 청소년지원센터 꿈드림	052-283-1388
- 부산	
부산광역시 청소년지원센터 꿈드림	051-304-1318
강서구 청소년지원센터 꿈드림	051-972-4595
금정구 청소년지원센터 꿈드림	051-714-2079
기장군 청소년지원센터 꿈드림	051-792-4926~7
남구 청소년지원센터 꿈드림	051-621-4831
동래구 청소년지원센터 꿈드림	051-558-8833
부산진구 청소년지원센터 꿈드림	051-868-0950
북구 청소년지원센터 꿈드림	051-334-3003
사상구 청소년지원센터 꿈드림	051-316-2214
사하구 청소년지원센터 꿈드림	051-207-7179
서구 청소년지원센터 꿈드림	051-714-0701

기관명	연락처
수영구 청소년지원센터 꿈드림	051-759-8422
연제구 청소년지원센터 꿈드림	051-507-7658
영도구 청소년지원센터 꿈드림	051-405-5224
해운대구 청소년지원센터 꿈드림	051-715-1377~9
- 제주	
제주특별자치도 청소년지원센터 꿈드림	064-759-9951
제주시 청소년지원센터 꿈드림	064-725-7999
서귀포시 청소년지원센터 꿈드림	064-763-9191

노인 관련 기관

기관명	연락처
〈노인보호전문기관〉	
중앙	02－3667－1389
서울남부	02－3472－1389
서울북부	02－921－1389
경기남부	031－736－1389
경기서부	032－683－1389
경기북부	031－821－1461
인천	032－426－8792~4
충북	043－259－8120~2
충북북부	043－846－1380~2
충남	041－534－1389
충남남부	041－734－1388,1389
대구남부	053－472－1389
대구북부	053－357－1389
전북	063－273－1389
전북서부	063－443－1389
전남	061－753－1389
전남서부	061－281－2391
광주	062－655－4155~7
경북	054－248－1389
경북서북부	054－655－1389,1390
경북서남부	054－436－1390
경남	055－222－1389
경남서부	055－754－1389
대전	042－472－1389
강원도	033－253－1389
강원동부	033－655－1389
강원남부	033－744－1389
울산	052－265－1380,1389
부산동부	051－468－8850
부산서부	051－867－9119
제주	064－757－3400
제주서귀포시	064－763－1999
한국노인의전화	062－351－5070

건강가정 · 다문화가족지원센터

기관명	연락처
〈건강가정 · 다문화가족지원센터〉 － 서울	
강남구	02－3412－2222
강동구	02－471－0812, 02－473－4986
강북구	02－987－2567
강서구	02－2606－2017
관악구	02－883－9383, 02－883－9390
관악구 (2센터)	
광진구	02－458－0622
구로구	02－830－0450
금천구	02－803－7747
노원구	02－979－3501
도봉구	02－995－6800
동대문구	02－957－0760
동작구	02－599－3301, 02－599－3260
마포구	02－3142－5482, 02－3142－5027
서대문구	02－322－7595
서울시	02－318－0227
서초구	02－576－2852
서초구 (2센터)	
성동구	02－3395－9447
성북구	02－3290－1660, 02－922－3304
송파구	02－443－3844
양천구	02－2065－3400
영등포구	02－2678－2193
용산구	02－797－9184
은평구	02－376－3761
종로구	02－764－3524
중구	02－2279－3891
중랑구	02－435－4142
－ 경기	
가평군	070－7510－5871
경기도	031－8008－8008
고양시	031－969－4041
과천시	02－503－0070
광명시	02－2615－0453
광주시	031－798－7137
구리시	031－556－3874
군포시	031－392－1811
김포시	031－996－5920
남양주시	031－556－8212
동두천시	031－863－3801, 031－863－3802
부천시	032－326－4212
성남시	031－755－9327
수원시	031－245－1310,1
시흥시	031－317－4522, 031－317－4524
안산시	031－501－0033
안성시	031－677－9336, 031－677－7191
안양시	031－8045－5572
양주시	031－858－5681
양평군	031－775－5957
여주시	031－886－0321
연천군	031－835－0093
오산시	031－378－9766, 031－372－1335
용인시	031－323－7131
의왕시	031－429－8931
의정부시	031－878－7117, 031－878－7880
이천시	031－637－5525
파주시	031－949－9161
평택시	031－615－3952
포천시	1577－9337, 031－532－2062
하남시	031－790－2966
화성시	031－267－8787
－ 인천	
강화군	032－932－1005, 032－933－0980

기관명	연락처
계양구	032－547－1017
남동구	032－467－3904
미추홀구	032－875－2993
부평구	032－508－0121
연수구	032－851－2730
인천동구	032－760－4904
인천서구	032－569－1560
인천중구	032－763－9337
－ 충청북도	
괴산군	043－832－1078
음성군	043－873－8731
제천시	043－645－1995
증평군	043－835－3572
진천군	043－537－5435
청주시	043－263－1817
충주시	043－857－5960
－ 충청남도	
공주시	041－853－0881
금산군	041－750－3990
논산시	041－733－7800
당진시	041－360－3200
보령시	041－934－3133
서산시	041－664－2710
서천군	041－953－3808
아산시	041－548－9772
예산군	041－332－1366
천안시	070－7733－8300
태안군	041－670－2523, 041－670－2396
홍성군	041－631－9337
－ 대전	
대전서구	042－520－5928
대전시	042－252－9989, 042－932－9995
－ 세종	
세종시	044－862－9336
－ 전라북도	

기관명	연락처
군산시	063－443－5300
남원시	063－631－6700
무주군	063－322－1130
완주군	063－261－1033
익산시	063－838－6046
전주시	063－231－0182
정읍시	063－535－1283
－ 전라남도	
강진군	061－433－9004
곡성군	061－362－5411
광양시	061－797－6800
구례군	061－781－8003
나주시	061－331－0709
목포시	061－247－2311
보성군	061－852－2664
순천시	061－750－5353
여수시	061－659－4167
영광군	061－353－8880
영암군	061－463－2929
완도군	061－555－4100
장성군	061－393－5420
장흥군	061－864－4813
함평군	061－324－5431
해남군	061－534－0215, 061－534－0017
화순군	061－375－1057
－ 광주	
광산구	062－959－9337
광주남구	062－351－9337
광주동구	062－234－5790
광주북구	062－430－2963
광주서구	062－369－0072
－ 경상북도	
경산시	053－816－4071
구미시	054－443－0541
김천시	054－431－7740

기관명	연락처
상주시	054 – 531 – 3543
안동시	054 – 823 – 6008
영덕군	054 – 730 – 7373
영주시	054 – 634 – 5431
울릉군	054 – 791 – 0205
의성군	054 – 832 – 5440
청도군	054 – 373 – 8131
칠곡군	054 – 975 – 0833
포항시	054 – 244 – 9702
– 경상남도	
경상남도	055 – 716 – 2363
김해시	055 – 329 – 6355
밀양시	055 – 351 – 4404~4407
사천시	055 – 832 – 0345
산청군	055 – 972 – 1018
양산시	055 – 382 – 0988
의령군	055 – 573 – 8400
진주시	055 – 749 – 5445
창녕군	055 – 533 – 1305
창원시	055 – 225 – 3951
창원시마산	055 – 244 – 8745
통영시	055–640–7741, 7742
하동군	055 – 880 – 6520
함양군	055 – 963 – 2057
– 대구	
달서구	053 – 593 – 1511
달성군	053 – 636 – 7390
대구남구	053 – 471 – 2326, 053 – 475 – 2324
대구동구	053 – 961 – 2202
대구북구	053 – 327 – 2994, 053 – 327 – 2994
대구서구	053 – 355 – 8042, 053 – 341 – 8312
대구중구	053 – 431 – 1230
수성구	053 – 795 – 4300
– 강원	
강릉시	033 – 648 – 3019

기관명	연락처
고성군	033 – 681 – 9333
동해시	033 – 535 – 8377, 033 – 535 – 8378
삼척시	033 – 576 – 0761
속초시	033 – 637 – 2680
양구군	033 – 481 – 8664
양양군	033 – 670 – 2943
영월군	033 – 375 – 8400
원주시	033 – 764 – 8612
인제군	033 – 462 – 3651
정선군	033 – 562 – 3458 033 – 563 – 3458
철원군	033 – 452 – 7800
춘천시	033 – 251 – 8014
태백시	033 – 554 – 4003
평창군	033 – 332 – 2063 033 – 332 – 2064
홍천군	033 – 433 – 1915
화천군	033 – 442 – 2342
횡성군	033–344–3458~9
– 울산	
울산남구	052 – 274 – 3136
울산동구	052 – 232 – 3351
울산북구	052 – 286 – 0025
울산중구	052 – 248 – 1103
울주군	052 – 229 – 9600
– 부산	
금정구	051 – 513 – 2131
부산동래구	051 – 506 – 5765
부산시	051 – 330 – 3406
부산진구	051 – 802 – 2900
사상구	051 – 328 – 0042
사하구	051 – 203 – 4588
수영구	051 – 758 – 3073
연제구	051 – 851 – 5002
영도구	051 – 414 – 9605

기관명	연락처
해운대구	051－782－7002
－ 제주	
서귀포시	064－760－6488
제주시	064－725－8005, 064－725－8015

알코올 · 중독 관련 기관

기관명	연락처
한국마약퇴치운동본부 (중앙본부)	02－2677－2245
한국도박문제관리센터	1336
한국마약퇴치운동본부 (중독재활센터)	02－2679－0436~7
〈알코올 전문 병원〉	
다사랑중앙병원	1544－2838, 031－340－5040, 5009
진병원	1577－1581
카프병원	031－810－9200
예사랑병원	1566－1308, 043－298－7337
주사랑병원	043－286－0692
한사랑병원	055－722－7000, 7004(상담)
다사랑병원	062－380－3800
〈중독관리 통합지원센터〉 － 서울	
강북구중독관리통합지원센터	02－989－9223
구로중독관리통합지원센터	02－2679－9353
노원구중독관리통합지원센터	02－2116－3677
도봉중독관리통합지원센터	02－6082－6793
－ 경기도	
성남시중독관리통합지원센터	031－751－2768
수원시중독관리통합지원센터	031－256－9478
안산시중독관리통합지원센터	031－411－8445
안양시중독관리통합지원센터	031－464－0175
파주시중독관리통합지원센터	031－948－8004
화성시중독관리통합지원센터 (정남분소)	031－354－6614
화성시중독관리통합지원센터 (동탄분소)	
의정부시중독관리통합지원센터	031－829－5001

기관명	연락처
－ 인천	
계양구중독관리통합지원센터	032－555－8765
부평구중독관리통합지원센터	032－507－3404
인천동구중독관리통합지원 센터	032－764－1183
연수구중독관리통합지원센터	032－236－9477
인천남동구중독관리통합지원 센터	032－468－6412
－ 충정북도	
청주시중독관리통합지원센터	043－272－0067
－ 충청남도	
아산시중독관리통합지원센터	041－537－3332
천안시중독관리통합지원센터	041－577－8097
－ 대전	
대덕구중독관리통합지원센터	042－635－8275
대전서구중독관리통합지원 센터	042－527－9125
대전동구중독관리통합지원 센터	042－286－8275
－ 전라북도	
군산시중독관리통합지원센터	063－464－0061
전주시중독관리통합지원센터	063－223－4567
－ 전라남도	
목포시중독관리통합지원센터	061－284－9694
여수시중독관리통합지원센터	061－659－4255
－ 광주	
광주서구중독관리센터	062－654－3802
광주북구중독관리센터	062－526－3370
광주동구중독관리센터	062－222－5666
광주남구중독관리통합지원 센터	062－412－1461
광주광산구중독관리센터	062－714－1233
－ 경상북도	
구미중독관리통합지원센터	054－474－9791

기관명	연락처
포항중독관리통합지원센터	054-270-4148
- 경상남도	
김해중독관리통합지원센터	055-314-0317
마산중독관리통합지원센터	055-247-6994
진주중독관리통합지원센터	055-758-7801
창원중독관리통합지원센터	055-261-5011
- 대구	
대구동부중독관리통합지원센터	053-957-8817
대구서부중독관리통합지원센터	053-638-8778
- 강원도	
강릉시중독관리통합지원센터	033-653-9667~8
원주시중독관리통합지원센터	033-748-5119
춘천시중독관리통합지원센터	033- 255-3482
- 울산	
울산남구중독관리통합지원센터	052-275-1117
울산중구중독관리통합지원센터	052-245-9007
- 부산	
부산중독관리통합지원센터	051- 246-7574
부산북구중독관리통합지원센터	051-362-5482
사상구중독관리통합지원센터	051-988-1191
해운대중독관리통합지원센터	051-545-1172
- 제주도	
제주중독관리통합지원센터	064-759-0911
제주서귀포중독관리통합지원센터	064-760-6037

범죄 피해 관련 기관

기관	연락처
법무부 인권구조과	02－2110－3263
대검 피해자인권과	02－3480－2303~5
검찰청(피해자지원실)	1577－2584
범죄피해자지원센터	1577－1295
스마일센터	02－472－1295
대한법률구조공단	132
한국가정법률상담소	1644－7077
법률홈닥터	02－2110－4253
경찰청(피해자지원경찰관)	182
경찰청(피해자보호 담당관실)	02－3150－2335
〈해바라기센터〉 － 서울	
서울북부해바라기센터(통합)	02－3390－4145
서울남부해바라기센터(통합)	02－870－1700
서울동부해바라기센터	02－3400－1700
서울해바라기센터(통합)	02－3672－0365
서울중부해바라기센터(통합)	02－2266－8276
서울해바라기센터(아동)	02－3274－1375
－ 경기도	
경기북서부해바라기센터(통합)	031－816－1375
경기서부해바라기센터	031－364－8117
경기북동부해바라기센터	031－874－3117
경기해바라기센터(아동)	031－708－1375
－ 인천	
인천해바라기센터(아동)	032－423－1375
인천동부해바라기센터	032－582－1170
인천북부해바라기센터	032－280－5678
－ 충청북도	
충북해바라기센터	043－272－7117
충북해바라기센터(아동)	043－857－1375
－ 충청남도	
충남해바라기센터	041－567－7117

기관	연락처
－ 대전	
대전해바라기센터(통합)	042－280－8436
－ 전라북도	
전북서부해바라기센터	063－859－1375
전북해바라기센터	063－278－0117
전북해바라기센터(아동)	063－246－1375
－ 전라남도	
전남서부해바라기센터(통합)	061－285－1375
전남동부해바라기센터	061－727－0117
－ 광주	
광주해바라기센터	062－225－3117
광주해바라기센터(아동)	062－232－1375
－ 경상북도	
경북서부해바라기센터	054－439－9600
경북북부해바라기센터	054－843－1117
경북동부해바라기센터(통합)	054－278－1375
－ 경상남도	
경남해바라기센터	055－245－8117
경남해바라기센터(아동)	055－754－1375
－ 대구	
대구해바라기센터	053－556－8117
대구해바라기센터(아동)	053－421－1375
－ 강원도	
강원동부해바라기센터(통합)	033－652－9840
강원서부해바라기센터(통합)	033－252－1375
－ 울산	
울산해바라기센터(통합)	052－265－1375
－ 부산	
부산해바라기센터(통합)	051－244－1375
부산동부해바라기센터	051－501－9117
－ 제주	
제주해바라기센터(통합)	064－749－5117

기관	연락처
〈스마일센터〉	
스마일센터총괄지원단	02－333－1295
서울동부스마일센터	02－473－1295
서울서부스마일센터	02－332－1295
부산스마일센터	051－582－1295
인천스마일센터	032－433－1295
광주스마일센터	062－417－1295
대구스마일센터	053－745－1295
대전스마일센터	042－526－1295
춘천스마일센터	033－255－1295
전주스마일센터	063－246－1295
수원스마일센터	031－235－1295
의정부스마일센터	031－841－1295
〈범죄피해자지원센터〉	
한국범죄피해자지원중앙센터 (강남구, 관악구, 동작구, 서초구, 종로구, 중구)	02－534－4901, 1577－1295(전국)
서울동부범죄피해자지원센터 (강동구, 광진구, 성동구, 송파구)	02－455－4954, 5005
서울남부범죄피해자지원센터 (강서구, 구로구, 금천구, 양천구, 영등포구)	02－2645－1301, 02－2644－1302
서울서부범죄피해자지원센터 (마포구, 서대문구, 용산구, 은평구)	02－3270－4504, 4505
서울북부범죄피해자지원센터 (강북구, 노원구, 도봉구, 동대문구, 성북구, 중랑구)	02－3399－4776
경기북부범죄피해자지원센터 (의정부시, 남양주시, 구리시, 동두천시, 양주시, 포천시, 연천군, 가평군, 철원군)	031－820－4678, 031－873－4678
고양 · 파주지역범죄피해자지원센터 (고양시, 파주시)	031－932－8291
부천 · 김포범죄피해자지원센터	032－329－2580,

기관	연락처
(부천시, 김포시)	032－320－4671~2
수원지역범죄피해자지원센터 (수원시, 용인시, 오산시, 화성시)	031－210－4761, 031－211－0266
성남 · 광주 · 하남범죄피해자지원센터 (성남시, 광주시, 하남시)	031－715－0090, 031－736－1090
여주 · 이천 · 양평범죄피해자지원센터 (이천시, 여주시, 양평군)	031－885－1188, 031－880－4510
평택 · 안성 범죄피해자지원센터 (평택시, 안성시)	031－656－2828, 031－657－2828
안산 · 시흥 · 광명범죄피해자지원센터 (안산시, 시흥시, 광명시)	031－475－3310
안양지역범죄피해자지원센터 (안양시, 과천시, 군포시, 의왕시)	031－387－0050
인천범죄피해자지원센터 (강화군, 계양구, 남구, 동구, 부평구, 서구, 연수구, 옹진군, 중구)	032－868－4999
춘천지역범죄피해자지원센터 (춘천시, 인제군, 홍천군, 화천군, 양구군)	033－244－0335, 033－240－4505
강릉지역범죄피해자지원센터 (강릉시, 동해시, 삼척시)	033－641－4163, 033－660－4520
원주 · 횡성 범죄피해자지원센터 (원주시, 횡성군)	033－742－3100, 033－769－4618
속초지역범죄피해자지원센터 (속초시, 고성군, 양양군)	033－638－1111
영월지역범죄피해자지원센터 (태백시, 영월군, 평창군, 정선군)	033－375－9119
대전범죄피해자지원센터	042－472－0082,

기관	연락처
(대덕구,유성구,동구,서구,중구,세종특별자치시,금산군)	0282
홍성지역범죄피해자지원센터(보령시,서천군,예산군,홍성군)	041-631-4915, 041-631-4911
공주·청양범죄피해자지원센터(공주시,청양군)	041-856-2828, 041-840-4559
논산·부여·계룡범죄피해자지원센터(논산시,계룡시,부여군)	041-745-2030
서산지역범죄피해자지원센터(서산시,당진시,태안군)	041-660-4377, 041-667-7731
천안·아산범죄피해자지원센터(아산시,천안시)	041-533-6090
청주범죄피해자지원센터(청주시,청원군,보은군,괴산군,진천군,증평군)	043-288-0141, 043-299-4678
충주·음성 범죄피해자지원센터(충주시,음성군)	043-856-2526, 043-841-4699
제천·단양 범죄피해자지원센터(제천시,단양군)	043-643-1295, 043-648-1295
영동·옥천 범죄피해자지원센터(영동군,옥천군)	043-742-3800, 043-740-4579
대구·경북 범죄피해자지원센터(수성구,북구,중구,남구,동구,경산시,영천시,청도군,칠곡군)	053-752-4444, 053-740-4440
대구서부범죄피해자지원센터(달서구,달성군,서구,성주군,고령군)	053-573-7400, 053-573-7401
경북북부범죄피해자지원센터(안동시,영주시,봉화군)	054-854-7600, 054-852-7200
경주범죄피해자지원센터(경주시)	054-777-1295
포항범죄피해자지원센터 (포항시)	054-276-8112
김천지역범죄피해자지원센터	054-430-9091
구미지역범죄피해자지원센터	054-462-9090
상주·문경·예천범죄피해자지원센터(상주시,문경시,예천군)	054-533-6047
의성·군위·청송범죄피해자지원센터(의성군,군위군,청송군)	054-834-2820, 054-830-4548
영덕·울진·영양범죄피해자지원센터(영덕군 울진군,영양군)	054-733-9495, 054-730-4979
부산범죄피해자지원센터 햇살(금정구,동래구,연제구,부산진구,동구,영도구,중구)	051-558-8893~4
부산동부범죄피해자지원센터광명(남구,수영구,해운대구,기장군)	051-781-1144, 051-780-4686
부산서부범죄피해자지원센터(사상구,사하구,북구,강서구,서구)	051-205-4497
울산범죄피해자지원센터(남구,동구,북구,울주군,중구, 양산시)	052-265-9004
경남범죄피해자지원센터(창원시(성산구, 의창구, 진해구),김해시)	055-239-4579, 055-286-8286
진주지역범죄피해자지원센터 '등불'(진주시,사천시,남해군,하동군,산청군)	055-748-1301
통영·거제·고성범죄피해자지원센터(거제시,통영시,고성군)	055-648-6200
밀양·창녕 범죄피해자지원	055-356-8272

기관	연락처
센터 (밀양시,창녕군)	
거창 · 합천 · 함양범죄피해자지원센터 (거창군,합천군,함양군)	055－945－2325
마산 · 함안 · 의령범죄피해자지원센터 (창원시마산합포구,함안군,창원시마산회원구,의령군)	055－242－6688
광주전남범죄피해자지원센터 (광산구,북구,서구,남구,동구,곡성군,담양군,장성군,영광군,화순군,나주시)	062－225－4752
〈(사)한국피해자지원협회〉	
(사)한국피해자지원협회 서울서부	02－351－9926
(사)한국피해자지원협회 서울남부	02－782－1002
(사)한국피해자지원협회 서울북부	02－908－0977
(사)한국피해자지원협회 경기동부	031－711－9278
(사)한국피해자지원협회 경기남부	031－211－7676
(사)한국피해자지원협회 경기북부	031－967－3238
(사)한국피해자지원협회 경기북서	031－902－6480
(사)한국피해자지원협회 인천	032－503－7179
(사)한국피해자지원협회 충북	043－224－9517
(사)한국피해자지원협회 충남	041－572－7004
(사)한국피해자지원협회 전남	061－284－0075
(사)한국피해자지원협회 전북	063－907－1112, 063－907－111

기관	연락처
(사)한국피해자지원협회 대전	042－628－9517
(사)한국피해자지원협회 강원	033－251－8840
(사)한국피해자지원협회 대구경북	053－421－8117
(사)한국피해자지원협회 경남울산	055－337－1525
(사)한국피해자지원협회 부산	051－999－7612

성폭력 관련 기관

기관명	연락처
〈전국 성폭력 상담소〉 – 서울	
한국성폭력상담소	02–338–5801
한국성폭력위기센터	02–883–9284~5
장애여성성폭력상담소	02–3013–1367
한사회장애인성폭력상담소	02–2658–1366
이레성폭력상담소	02–3281–1366
벧엘케어상담소	02–896–0401,08
가족과성건강아동청소년상담소	070–8128–1366
천주교성폭력상담소	02–825–1273
한국성폭력상담소	02–338–2890
한국여성민우회 성폭력상담소	02–739–8858
탁틴내일청소년성폭력상담소	02–338–8043
서울여성장애인성폭력상담소	02–3675–4465~6
한국여성의전화 성폭력상담소	02–3156–5400
꿈누리 여성장애인 상담소	02–902–3356
– 경기도	
(사)씨알여성회부설 성폭력상담소	031–797–7031
군포여성민우회성폭력상담소	031–397–8149
남양주가정과성상담소	031–558–1366
동두천성폭력상담소	031–861–5555
부천여성의전화부설 성폭력상담	032–328–9713
부천청소년성폭력상담소	031–655–1366
(사)경원사회복지회부설 여성장애인성폭력상담소	031–755–2526
(사)성남여성의전화부설 성폭력상담소	031–751–2050
안산YWCA 여성과 성 상담소	031–413–9414
안양여성의전화부설 성폭력상담소	031–442–5385
연천 행복뜰상담소	031–832–1315
용인성폭력상담소	031–281–1366
의왕장애인성폭력상담센터	031–462–1366

기관명	연락처
의정부장애인성폭력상담소	031–840–9204
파주성폭력상담소'함께'	031–946–2096
평택성폭력상담소	031–658–6614
포천가족성상담센터	031–542–3171
하남YWCA부설 성폭력상담소	031–796–1274
– 인천	
인구보건복지협회 인천성폭력상담소	032–451–4094
(사)인천장애인지적협회 장애인성폭력상담소	032–424–1366
오내친구장애인성폭력상담소(장애인)	032–506–5479
– 충청북도	
제천성폭력상담소	043–652–0049
청주여성의전화 청주성폭력상담소	043–252–0966
청주여성장애인성폭력상담소	043–224–9414
인구보건복지협회부설 청주성폭력상담소	043–264–1366
충주성폭력상담소	043–845–1366
– 충청남도	
뎀나무상담지원센터	041–852–1950
장애인성폭력아산상담소(장애인)	041–541–1514
아산가정성상담지원센터	041–546–9181
천안여성의전화부설 성폭력상담소	041–561–0303
(사)충남성폭력상담소	041–564–0026
천안장애인성폭력상담소	041–592–6500
태안군성인권상담센터	041–675–9536
홍성성가정폭력통합상담소	041–634–9949
– 대전	
동대전장애인성폭력상담소	042–637–1366
대전여성장애인성폭력상담소	042–223–8866

기관명	연락처
대전YWCA 성폭력상담소	042-254-3038
대전성폭력상담소	042-712-1367
- 전라북도	
군산성폭력상담소	063-442-1570
(사)성폭력예방치료센터 김제지부 성폭력상담소	063-546-8366
익산성폭력상담소	063-834-1366
새벽이슬장애인성폭력상담소	063-223-3015
(사)성폭력예방치료센터부설 성폭력상담소	063-236-0152
(사)성폭력예방치료센터 정읍지부 성폭력상담소	063-531-1366
- 광주	
인구보건복지협회 광주성폭력상담소	062-673-1366
광주여성장애인성폭력상담소	062-654-1366
광주여성민우회 성폭력상담소	062-521-1361
- 경상북도	
새경산성폭력상담소	053-814-1318
경산로뎀성폭력상담소	053-853-5276
경주다움성폭력상담센터	054-777-1366
구미여성종합상담소(통합)	054-463-1386
영남여성장애인성폭력상담소	054-443-1365
문경열린종합상담소(통합)	054-555-8207
필그림가정복지상담소(통합)	054-534-9996
경북여성장애인성폭력상담소	054-843-1366
(사)칠곡종합상담센터(통합)	054-973-8290
(사)한마음부설 한마음상담소	054-278-4330
- 대구	
(사)대구여성의전화부설 성폭력상담소	053-471-6484
인구보건복지협회 대구경북지회 성폭력상담소	053-566-1900
- 강원도	
동해가정폭력·성폭력상담소	033-535-4943
(사)속초여성인권센터 속초성	033-637-1988

기관명	연락처
폭력상담소	
영월성폭력상담소	033-375-1366
아라리가족성상담소	033-563-8666
- 울산	
울산장애인인권복지협회부설 울산장애인성폭력상담센터	052-246-1368
울산성폭력상담소	052-245-1366
- 부산	
기장열린성가정상담소	051-531-1366
부산장애인연대부설 성폭력상담소	051-583-7735
인구보건복지협회 성폭력상담소	051-624-5584
다함께 성·가정상담센터	051-357-1377
〈전국 가정폭력상담소〉 - 서울	
강서양천가정폭력상담소	02-2605-8455
월계우리가족상담소	02-904-0179
동산가정폭력상담소	02-599-7646
(사)한국여성상담센터	02-953-1704
잠실가정폭력상담소	02-2202-7806
남성의전화부설 서울가정폭력상담센터	02-2653-1366
은평가정폭력상담소	02-326-1366
한국가정법률상담소 중구지부 부설 가정폭력상담소	02-2238-6551
- 경기도	
고양YWCA가족사랑상담소	031-919-4040
광명여성의전화 부설 가정폭력상담소	02-2060-0245
(사)가화가족상담센터	031-551-9976
(사)김포여성의전화부설 가정폭력상담소	031-986-0136
부천가정폭력상담소	032-667-2314
사단법인 수원여성의전화 부설 성·가정폭력통합상담소	031-232-7795

기관명	연락처
시흥여성의전화부설 가정폭력상담소	031-496-9391
경기가정폭력상담소	031-419-1366
안양YWCA가정폭력상담소	031-427-1366
양주가정폭력상담소	031-8647546
양평가정상담소	031-775-4983
행가래로 의왕가정,성상담소	031-459-1311
경기북부가정문제상담소	031-876-7544
이천가정성상담소	031-638-7200
한국가정법률상담소 평택안성지부부설가정폭력상담소	031-611-4252
(사)정해복지부설 하남행복한가정상담소	031-794-4111
- 인천	
(사)인천내일을여는집 가족상담소	032-543-7179
중구가정폭력상담소	032-761-7070
- 충청북도	
음성가정(성)폭력상담소	043-873-1330
청주가정법률상담소 부설 가정폭력상담소	043-257-0088
청주YWCA여성종합상담소	043-268-3007
충주YWCA가정폭력상담소	043-842-9888
- 충청남도	
주시가족상담센터	041-854-1366
논산YWCA가정폭력상담소	041-736-8297
대천가족성통합상담센터	041-936-7941
서산가족상담지원센터	041-668-8566
가족성장상담소남성의소리	041-572-0115
- 대전	
대전가톨릭가정폭력상담소	042-636-2036
대전열린가정폭력상담소	042-625-5441
- 전라북도	
군산여성의전화부설가정폭력상담소	063-445-2285
남원YWCA가정폭력상담소	063-625-1318

기관명	연락처
한국가정법률상담소익산지부부설가정폭력상담소	063-851-5113
익산여성의전화부설가정폭력상담소	063-858-9191
전주가정폭력상담소	063-244-0227
전주여성의전화부설 가정폭력상담소	063-287-7325
정읍가정폭력상담소	063-535-8223
- 전라남도	
광양여성상담센터	061-761-1254
목포여성상담센터	061-285-1366
무안열린가정상담센터	061-454-1365
순천여성상담센터	061-753-9900
여수여성상담센터	061-654-5211
영광여성상담센터	061-352-1322
영암행복한가정상담센터	061-461-1366
함평열린가정상담센터	061-324-1366
- 광주	
송광한가족상담센터	062-452-1366
광주YWCA가정상담센터	062-672-1355
광주장애인가정상담소	062-654-0420
광주여성의전화부설 광주여성인권상담소	062-363-7739
- 경상북도	
경산가정폭력상담소	053-814-9191
경주가정폭력상담소	053-749-1366
상주가정문제상담소	054-541-6116
안동가정법률상담소부설가정폭력상담소	054-856-4200
영주소백가정상담센터	054-638-1366
포항YWCA가정폭력상담소	054-277-5418
(사)포항여성회부설경북여성통합상담소	054-284-0404
포항로뎀나무가정문제상담소	054-262-3554
포항생명의전화부설가정폭력상담소	054-242-0015

기관명	연락처
– 경상남도	
(사)거제가정상담센터	055–633–7636
고성가족상담소	055–673–2911
(사)김해여성회부설 가정폭력상담소	055–326–6253
양산가족상담센터	055–362–1366
진주가정폭력상담소	055–746–7988
마산가정상담센터	055–296–9126
진해가정상담센터	055–551–2332
– 대구	
대구여성장애인통합상담소	053–637–6057, 6058
영남가정폭력상담소	053–953–2866
대구이주여성상담소	053–944–2977
대구여성폭력통합상담소	053–745–4501
– 강원도	
사)강릉여성의전화 부설 해솔상담소	033–643–1982, 5
강릉가정폭력성폭력상담소	033–652–9556, 9930
속초YWCA가정폭력상담소	033–635–3520
원주가정폭력성폭력상담소	033–765–1366
철원가정폭력상담소	033–452–1566
춘천가정폭력성폭력상담소	033–257–4687
태백가정폭력상담소	033–554–4005
홍천가족상담소	033–433–1367
행복만들기상담소	033–344–1366
– 울산	
생명의전화울산지부부설가정·성폭력통합상담소	052–265–5570
동구가정성폭력통합상담소	052–252–6778
(사)울산여성회부설북구가정폭력상담소	052–287–1364
– 부산	
희망의전화 가정폭력상담소	051–623–1488, 1399

기관명	연락처
(사)부산가정법률상담소 부설 가정폭력관련상담소	051–469–2987
부산성폭력.가정폭력상담소	051–558–8833~4
(사)부산여성의전화성·가정폭력상담센터	051–817–4344
여권문화인권센터 가정폭력상담소	051–363–3838
사하가정폭력상담소	051–205–8296
중부산가정폭력상담소	051–462–7177
〈성매매피해상담소〉 – 서울	
여성인권상담소 소냐의 집	02–474–0746
성매매피해상담소 이룸	02–953–6280
에이레네 상담소	02–3394–7936
다시함께상담센터	02–814–3660
여성인권센터 보다	02–982–0923
십대여성인권센터	02–6348–1318
– 경기도	
성매매피해상담소 위드어스	031–747–0117
어깨동무	031–222–0122
두레방	031–841–2609
여성인권센터 쉬고	031–948–8030 031–957–6117
– 충청북도	
충북여성인권상담소 늘봄	043–255–8297 043–257–8297
– 충청남도	
충남여성인권상담센터	041–575–1366
– 대전	
여성인권지원상담소 느티나무	042–223–3534
– 전라북도	
현장상담센터	063–232–8297
– 전라남도	
목포여성인권지원센터	061–276–8297
순천여성인권지원센터	061–753–3644, 3654

기관명	연락처
여수여성인권지원센터 새날지기	061－662－8297
－ 광주	
성매매피해상담소 언니네	062－232－8297
－ 경상북도	
경북성매매상담센터 새날	054－231－1402
－ 경상남도	
경남여성인권지원센터	055－246－8298
여성인권상담소	055－273－2261
－ 대구	
힘내	053－422－4898 053－425－4898
민들레	053－430－6011
－ 강원도	
춘천길잡이의 집	033－242－8296
－ 울산	
울산성매매피해상담소	052－249－8297
－ 부산	
여성인권지원센터 살림	051－257－8297
부산여성지원센터 꿈아리	051－816－1366 051－817－8297
－ 제주	
제주현장상담센터 해냄	064－751－8297

현장에서의 위기개입의 실제

재난 위기영역

재난 피해 위기 개입 사례 영상

김동석(가명) 씨는 62세 남성이다. 82세 된 노모를 모시고, 아내와 함께 살고 있으며 두 딸은 도시에서 대학교를 다니고 있다. 태풍으로 인한 폭우와 강풍으로 마을 일부가 침수되었고, 동석 씨 집도 침수와 담장 붕괴 피해를 입었다. 큰 태풍이 와도 몇십 년 동안 큰 물난리가 없던 마을이라 그날도 큰 걱정 없이 잠을 자려고 준비하고 있었다. 거센 빗방울 소리와 함께 큰 천둥소리 같은 것이 들렸다. 놀라서 나가보니 집 뒤쪽 토사가 밀려 내려와 담벼락이 붕괴되었다. 놀란 동석 씨는 일단 어머니를 안전한 마을회관에 모셔다 드리고 왔다. 마을회관에 어머니를 모셔다 드리고 오는 몇분 동안 빗물이 조금씩 차올라 동석 씨가 집에 도착했을 때는 문지방 앞까지 빗물이 찰랑거리고 있었다. 아내와 함께 집안으로 들어오는 빗물을 열심히 퍼내보았지만 모두 헛수고였다. 결국 발목정도 높이로 집안까지 물이 들어차 가재도구 일부가 침수되었다, 무너진 담장도 복구해야 하고, 장판도 교체해야 한다. 침수된 가재도구도 정리해야 한다. 다행스럽게도 적십자사에서 끼니마다 식사도 챙겨주고, 봉사자들이 많이 나와서 생각보다 빨리 정리가 되고 있다. 시에서 보조금이 나와서 복구비용을 지원해준다고 하는데, 언제 받을 수 있을지는 잘 모는 상황이다.

그날 이후로 동석 씨는 잦은 두통에 시달리고 있다. 잠을 편하게 잔 날도 거의 없고, 잠이 드는 것도 어렵다. 아내에게 괜히 짜증을 부리는 일도 많아졌고, 그래서 더 자주 다투게 된다. 일하다가 문득 그날의 장면이 떠오르는 것이 가장 불편하다. 특히, 동네 다른 사람들은 모두 평소처럼 잘 지내는 것 같아 보이는데, 자신만 유독 민감하게 반응하는 것 같아서 불안하다. 지금의 불편함을 어떻게 해야 할지 몰라서 힘들고, 이야기할 곳도 마땅치 않아서 더욱 답답하게 느낀다.

자원봉사를 나갔던 옆 동 동장 최○○ 씨가 마을 피해상황에 대해서 확인하던 중 동석 씨에 대한 이야기를 듣고 위기개입을 실시한다.

※ SAFER-R MODEL 개입

안정화 단계(stabilize)

- 위기개입자: 안녕하세요? 저는 옆 동 동장 최○○입니다. 이번에 태풍으로 침수피해를 입으셨다고 들었습니다. (네) 저는 지금 피해상황을 확인 중인데, 물적인 피해 외에 심리적으로 어려운 점은 없으신지 여쭤보려고 합니다.
- 재난위기에 처한 사람 : 네, 저희 집 피해 상황은 저희 통장님이 확인해가셨어요.
- 위기개입자: 이번 일 때문에 여러 가지로 힘드시겠지만 괜찮으시면 저와 잠깐 이야기 나눌 수 있을까요? (네, 그러시죠) 감사합니다. 아까 말씀드린 것처럼 제가 하는 일은 심리적인 어려움을 좀 덜어드리는 것입니다. 저와 나눈 이야기는 비밀이 보장됩니다. 그러니 편하게 이야기 나누시면 좋겠습니다. 혹시 좀 힘드시더라도 지금 겪는 여러 가지 불편을 덜어내는 데 도움이 될 것이니 하실 수 있는 만큼 이야기하시는 것이 회복되는 데 훨씬 도움이 되실 겁니다. 일반적으로 많은 사람들이 예상치 못했던 큰일을 겪으면 여러 가지 심리적인 불편을 호소합니다.

위기인정 단계(acknowledge the crisis)

- 위기개입자: 이번에 피해를 많이 입으셨죠? 자세히 설명을 해주시겠어요?

– 재난위기에 처한 사람 : 네, 다른 집들도 비슷하겠지만, 담장도 무너지고, 집안에도 물이 제법 찼었죠.
– 위기개입자: 피해가 컸네요.
– 재난위기에 처한 사람 : 네, 저녁에 자려고 준비하는데, 천둥소리 같은 게 들리더니 땅이 막 흔들리더라고요. 놀라서 나가봤더니 집 뒤에 토사가 밀려와서 담벼락이 무너졌더라고요.
– 위기개입자: 정말 큰일 날 뻔 했네요
– 재난위기에 처한 사람 : 네. 그래서 우선 어머니를 마을회관으로 모셨죠. 비가 계속 오는데, 어르신이라도 우선 대피를 시켜야 할 것 같아서 마을회관으로 모시고 갔어요. 비가 많이 새는 집이나 저지대에 사는 몇 가구가 마을회관에 있다고 들었거든요. 어머니를 모셔다 드리고 집에 왔는데, 그 몇분 사이에 집 마당에 물이 가득차고, 집 앞까지 물이 찰랑거리고 있더라고요. 아내가 놀라서 물을 퍼내길래 저도 같이 정신없이 같이 퍼냈는데, 그렇게 비가 많이 오는데 사람이 할 수 있는 게 있나요? 그날 잠도 못자고 밤새도록 들어오는 물을 막고 퍼내고 했죠. 그래도 발목정도 물이 들어찼죠.
– 위기개입자: 굉장히 놀라고 힘드셨겠네요.
– 재난위기에 처한 사람 : 네, 이 동네에서 몇십 년을 살았어도 물난리 한번 없는 동네였는데, 이번에 비가 많이 오긴 했나 봐요. 암튼 살면서 이런 난리는 처음이었다니까요.
– 위기개입자: 처음으로 겪는 일이라 더 많이 놀라셨겠어요. 혹시 이번과 비슷한 다른 일을 겪은 적은 없으신가요?
– 재난위기에 처한 사람 : 네, 살면서 내가 이런 일에 피해를 입을 거라고는 생각을 못 했죠. 매년 TV에 이런 게 나오면 남의 이야기인줄만 알았는데…. 참…. 내가 당하고 나니 한숨만 나오고 어떻게 해야 할지 모르겠네요. 아마 처음이라 더 그런가 봐요.
– 위기개입자: 처음 겪는 일이라 더 힘들다고 하셨는데, 구체적으로 어떤 게 힘드신가요?

– 재난위기에 처한 사람 : 하나부터 열까지 다 힘들죠. 우선, 담벼락도 다시 쌓아야 하고, 젖은 가재도구며, 장판이랑 도배도 새로 해야 하고…. 어머니도 고령이신데, 빨리 좀 편안한 곳에 모셔야 할 것 같고요. 피해보상을 해준다고는 하는데, 그건 또 언제 주는 건지….(한숨)

– 위기개입자: 할 일이 참 많네요.

– 재난위기에 처한 사람 : 그래도 여기저기서 봉사자들이 많이 나와서 도와주고, 적십자에서 끼니도 꼬박꼬박 챙겨주니까 감사하죠. 저희 혼자서는 도저히 못하는 일인데…. 동에서도 나와서 구호물품도 챙겨주고 이것저것 물어봐주니까 고맙죠.

– 위기개입자: 도와주시는 분들이 많이 계서서 다행이네요. 그것 외에 또 힘드신 것이 있나요?

– 재난위기에 처한 사람 : …그날 이후로 잠을 잘 못 자요. 내가 어디 가서도 잠은 참 잘 자고, 머리만 닿으면 자는 사람인데 그날 이후로 잠드는 것도 힘들고…. 자도 잔 것 같이 않게 머리도 무겁고…. 두통도 좀 생긴 것 같아요. 가끔 머리가 지끈거리고 아플 때가 있어요. 잠이라도 좀 잘 자면 두통도 없어질 것 같은데, 잠을 잘 못 자는 게 제일 힘들고요. 가뜩이나 해야 할 일도 많은데 잠도 잘 못 자니까 쉬는 것 같지도 않고….

– 위기개입자: 수면이 부족하고 두통이 생겼네요. 그것 말고 또 불편하신 게 있나요?

– 재난위기에 처한 사람 : 짜증이 좀 늘어난 것 같아요. 잠을 잘 못자니까 짜증이 늘어나고, 아내한테도 평소와 다르게 짜증 섞인 반응을 많이 하는 것 같아요. 그래서 최근에 별것 아닌 일로 말다툼도하고요. 평소 같으면 안 그랬을 텐데…. 나도 왜 그랬는지 모르겠어요.

이해촉진하기 단계(facilitate understanding)

– 위기개입자: 동석 씨는 이 마을에 살면서 몇십 년 만에 이례적인 홍수 피해를 겪으셨습니다. 이전에도 이런 일을 경험해 보신 적이 없고요.

지금 말씀하신 여러 가지 불편감은 비정상도 아니고, 동석 씨가 이상한 사람이거나 나약한 사람이라는 뜻도 아닙니다. 평소와 다르게 반응하는 본인이 좀 불편하게 느끼실 순 있겠지만 이상한 것은 아닙니다. 그러면, 특별히 이번 일이 최악이라고 느껴진 순간이 있었을까요?

– 재난위기에 처한 사람 : 글쎄요. 밤에 물을 퍼내는데, 이게 사람이 할 수 있는 게 아니더라고요. 자연 앞에서 사람이 참 나약하다랄까? 참 내가 아무것도 아닌 것처럼 느껴지고, 할 수 있는 게 없는 것처럼 느껴졌어요.

효과적인 대처권장하기 단계(encourage effective coping)

– 위기개입자: 혹시 지금 말씀하신 몇 가지 불편함을 해소하기 위해서 특별히 해보신 것이 있나요?

– 재난위기에 처한 사람 : 지금은 뭘 할 수 있는 여력이 없죠. 복구작업하기 바쁘니까. 다른 사람들도 다들 그렇고…. 처음엔 그냥 괜찮아지겠지 생각했어요. 평소처럼 지내보려고 하는데, 잘 안되니까 더 스트레스를 받는 것 같아요. 사람들 하고 이야기를 좀 해볼까 하다가도…. 다른 사람들 보면 그래도 처음엔 좀 힘들어 하는 것 같아도 다들 괜찮아 보이는데, 나만 이런가 싶기도 하고….

– 위기개입자: 그러면 평소에 이렇게 스트레스를 많이 받는 상황이라면 주로 어떻게 하세요?

– 재난위기에 처한 사람 : 저는 원래 낚시를 좋아해요. 그래서 물도 별로 무섭지 않고 그랬는데, 이제는 물이라면 아주 진절머리가 나요. 낚시하러 갈 때 나는 그 살짝 비릿한 물비린내 생각만 해도 끔찍합니다. 지금도 물비린내 같은 것이 나면 물이 막 밀려들어오던 그때가 생각나요.

– 위기개입자: 평소라면 스트레스를 해소하는 데 도움이 될 만한 취미가 지금은 전혀 도움이 되지 않는 거네요. (네 그런 셈이죠) 그러면, 지금

말씀하신 몇 가지 불편함을 해소하거나 마음을 좀 편안하게 해줄 만한 것이 무엇이 있을까요?

– 재난위기에 처한 사람 : 글쎄요…. 우선 잠이라도 좀 편하게 자면 도움이 될 것 같은데, 잠을 잘 못 자는 게 제일 힘들어요. 또, 집사람이랑 이전처럼 이런저런 이야기라도 나누면 좀 좋을 텐데, 제가 자꾸 짜증을 내니까 요즘은 예전처럼 이야기를 잘 안 해요. 문득문득 물이 밀려오던 게 생각나면 더 이상 작업하는 데 힘이 안 나기도 하고요.

– 위기개입자: 그렇군요. 혹시 낮에 커피도 드십니까?

– 재난위기에 처한 사람 : 네, 식사하고 봉사자들하고 믹스커피 한 잔씩 하죠.

– 위기개입자: 우선, 잠을 잘 못 주무신다고 하셨는데, 낮에 커피는 드시지 마세요. 카페인은 숙면을 방해합니다. 격한 운동이나 불안을 일으키는 활동이나 생각은 피하세요. 자기 전에 따뜻한 물로 샤워를 하거나 발가락부터 머리끝까지 근육을 풀어주고 충분히 이완시키는 것도 도움이 됩니다. 말씀처럼 잘 주무시면 두통도 좀 나아질 것 같네요. 혹시 두통이 계속되어서 참기 어려우면 의료진을 찾아서 약 처방을 받는 것도 필요합니다. 또, 기억이 계속 떠오르는 것은 누구나 재난을 당하면 생길 수 있는 정상적인 반응입니다. 기억을 뇌가 제대로 처리하지 못해서 기억이 자꾸 올라오는 것입니다. 마치 상한 음식을 먹으면 위가 소화를 못 시키고 어디 걸려있어서 자꾸 신물이 올라오는 것과 비슷하다고 생각하시면 됩니다. 도움을 줄 수 있는 한 가지 방법을 설명해 드리겠습니다. 본인이 즐거웠던 장소 등 마음이 편안해지는 장소를 상상해 봅니다. 그리고 커다랗고 튼튼한 용기를 상상하고, 그 안에 재난에 대한 기억 또는 그와 관련된 생각들을 집어넣고 단단히 봉하는 이미지를 떠올립니다. 이렇게 하면 나쁜 기억을 처리하는 데 도움이 됩니다. 마지막으로 아내에게 자꾸 짜증을 낸다고 하셨는데, 아내에게 있는 그대로 본인의 어려움을 이야기하시면 좋겠네요. 내가 그때 이후로 이런이런 불편감 때문에 며칠 동안 짜증을 내었다. 미안하고, 내가

회복되도록 도와달라고 이야기하시고, 본인이 지금 경험하는 어려움에 대해서 아내와 편하게 이야기하세요. 다시 한번 말씀드리지만 동석씨의 반응은 비정상이거나 이상한 게 아닙니다. 매우 불편하실 것이라고 이해합니다. 저하고 짧게나마 이야기 나누셨는데, 지금은 어떠세요?

– 재난위기에 처한 사람 : 동네사람들은 다들 멀쩡해 보여서 이야기하기 어려웠는데, 그래도 이야기를 하니까 좀 낫네요. 또, 사람들은 괜찮아 보이는데, 거기다가 이런 이야기는 하고 싶지 않았거든요.

회복/의뢰 단계(recovery / referral)

– 위기개입자: 네, 일반적으로 사람들이 이례적이고 충격적인 일들을 경험하면 시간이 지나면서 처음에 경험하는 불편감은 차차 사라지게 됩니다. 다음 주에 저와 한 번 더 이야기 나눠 보시죠. 제가 말씀드린 몇 가지 방법은 꼭 실천해 보시고요. 특히, 아내와 자주 이야기를 나누세요. 혹시 지금의 불편감이 사라지지 않으면 말씀하세요. 전문적인 상담을 원하시면 제가 연결해 드리겠습니다. 어떠세요?

– 재난위기에 처한 사람 : 네, 돌아가서 알려주신 것들을 하나씩 해봐야겠어요. 제가 지금 겪는 여러 가지 불편이 자연스러운 것이라고 말씀하시니까 훨씬 안심이 되네요. 사실 제가 좀 이상하다고 생각하고 있었거든요.

– 위기개입자: 네, 도움이 되셨다니 저도 좋네요. 혹시 궁금하시거나 더 하시고 싶은 말씀 있으신가요?

– 재난위기에 처한 사람 : 아니요. 오늘 이야기 나눌 수 있어서 참 좋았습니다.

– 위기개입자: 그럼 다음 주에 다시 연락드리고 뵙겠습니다.

저자 소개

육성필

고려대학교에서 심리학 석사를 마치고 서울대학교 정신과에서 임상심리학 레지던트과정을 수료하고 고려대학교에서 임상심리학 박사를 받았다. 로체스터대학교의 자살예방연구소에서 박사후 과정을 하였다. 현재 용문상담심리대학원대학교 위기관리전공 교수로 재직 중이다.

이윤호

고려대학교 상담심리 교육학 석사를 졸업한 후 용문상담심리대학원대학교 위기관리 전공 박사과정을 수료하였다. 현재 한국재난심리연구소 소장으로 재직 중이다.

위기관리총서 시리즈 6 -현장에서의 위기개입워크북

재난의 이해와 개입

초판발행 2019년 2월 25일

엮은이 육성필 · 이윤호
펴낸이 노 현

편 집 김명희 · 강민정
기획/마케팅 노 현
표지디자인 조아라
제 작 우인도 · 고철민

펴낸곳 ㈜ 피와이메이트
서울특별시 금천구 가산디지털2로 53 한라시그마밸리 210호(가산동)
등록 2014. 2. 12. 제2018-000080호
전 화 02)733-6771
f a x 02)736-4818
e-mail pys@pybook.co.kr
homepage www.pybook.co.kr
ISBN 979-11-89643-31-7 94370
979-11-89643-30-0 (세트)

정 가 12,000원

박영스토리는 박영사와 함께하는 브랜드입니다.